戦略的システム導入のための

# プロジェクト強靭化理論

内山 勉
Tsutomu Uchiyama

# はじめに

　会計システムや人事システム、営業支援システム、顧客管理システムなど、企業向け基幹システム（ＥＲＰ：Enterprise Resource Planning）と呼ばれるソフトウェア・システムを導入することは、多くの企業にとって必須となっています。

　基幹システムをすでに導入している企業にとっても、タイミングを見計らって、システムの入れ替えや大幅刷新を行うことが求められます。

　また、「ＤＸ（デジタル・トランスフォーメーション）」があらゆる企業に求められる現在、ＤＸ実現に向けてシステム開発に着手している企業も多々あります。

　ゆえに、システム開発プロジェクトは、これまで非常に数多く行われてきました。

　しかし、さまざまな実態調査によれば、日本企業におけるシステム開発プロジェクトの成功率は30％程度に過ぎず、約70％は失敗に終わっています。もちろん、成功と失敗の定義によって、この割合は変わりますが、「このシステム開発プロジェクトは失敗だった」と判断されたプロジェクトのほうが、「成功だった」と判断されたプロジェクトよりも圧倒的に多かったことは間違いないでしょう。
ではなぜ、約70％ものシステム開発プロジェクトが、無残にも失敗に終わってしまったのでしょうか。

私が勤めるノムラシステムコーポレーションは、海外のソフトウェア製品を日本国内の企業へ導入することを主事業としており、私はこれまで20年以上にわたって、１００社以上のシステム開発プロジェクトに携わってきました。その経験から、システム開発プロジェクトが失敗する原因は、欧米の「管理主義」や「設計主義」が根底にあるのではないかと考えています。ここで言う設計主義とは、人間の理性を絶対的なものとみなし、問題解決において古い慣習や制度を捨て、新しい制度や仕組みを積極的に設計すべしとする思想のことです。

たとえば、アメリカ発のプロジェクト管理手法「ＰＭＢＯＫ（Project Management Body Of Knowledge）」は、「スコープ管理」「要員管理」「コミュニケーション管理」「リスク管理」「調達管理」「ステークホルダー管理」など、システム開発のプロジェクト管理においてやるべきことを体系的に網羅しています。

日本のシステム開発企業の多くが、このＰＭＢＯＫをはじめとして、さまざまなプロジェクト管理の考え方や方法論を取り入れ、プロジェクトを成功に導こうと日々努めていますが、その結果は先に述べた通りです。

ＰＭＢＯＫに限らず、現在のシステム開発のプロジェクト管理手法は、定量的な「管理」に終始しており、プロジェクトチームを単なる情報処理機関に貶《おとし》めてしまっているのではないでしょうか。

また、先に挙げた設計主義により、レガシー軽視と見受けられるようなプロジェクトや、安易な大規模システム刷新プロジェクトなど、システム開発プロジェクトを（計画や設計に基づいた）単なる作業遂行と見なしてしまっているのではないでしょうか。

このように、プロジェクトに関する人や組織、さまざまな活動のすべてを理性でコントロールできると考える、「管理主義」や「設計主義」の思想でプロジェクト管理を行っていることが、プロジェクトの失敗の原因であるように私には思えるのです。

私は、プロジェクトは生き物であり、1つの有機体としての側面があると考えています。こういった考え方は、古代ギリシアの哲学者プラトンに始まり、ドイツの哲学者フリードリヒ・ヘーゲルやイギリスの政治思想家エドマンド・バークなど、社会科学としても組織有機体論として広く論じられてきました。

そうした考えに照らせば、管理に傾倒したプロジェクトマネジメントだけでは不十分であり、かつ不要な管理が多過ぎると言えます。プロジェクトは、常に不確実性に満ちており、管理だけですべてのことに対処できると思い込んではいけないのです。状況に応じて必要な管理を取り入れ、管理できないことには臨機応変に対処していくことこそがプロジェクトを成功に導くためには重要だと私は考えます。

「すべてのことは管理できる」という管理主義や、「新たにゼロから作ればいいものができる」という設計主義と、現実のプロジェクトとのギャップや矛盾に対して、私は長らく違和感を抱いてきました。

人間は未熟であり、「すべてのことは管理できる」、また「新たにゼロから作ればいいものができる」と考えるのは人間の驕《おご》りではないか。人間の理性を過信しないことが重要なのではないか。システム開発プロジェクトを成功させるための本質も、管理以外のところにあるのではないか。

このように考えるに至ったのです。

本書では、システム開発プロジェクトにおいて、これまで１００％の成功実績を残してきた私たちのさまざまな考え方や方法、態度、姿勢などについて、次のような構成で述べていきます。

第1章では、システム開発プロジェクトが失敗に終わる理由について探ります。

第2章で、プロジェクトの成功条件、「形式知」と「暗黙知」の概略について述べ、プロジェクトチームの編成方法を示します。

第3章では、プロジェクトの最低限のフレームワークやルールなど、形式知について述べます。

第4章で、プロジェクトを成功に導く知識創造を促進するための考え方や態度、姿勢など、暗黙知について述べたいと思います。この第4章が本書の肝となります。

そして最後の第5章では、プロジェクト成功後、つまりシステム稼働後に、そのシステムをより効果的に活用してほしいという願いを込めて改善方法などについて提案します。

本書は主に、これから自社のシステム移行を計画する、あるいは実際に新規システム導入を担当するといった、実施企業側の方に向けて、プロジェクトがどうあるべきかを知っていただくことを目的としています。私はベンダー（システム開発企業）側の人間ですので、どうしても視点が提供する側となりますが、我々が何を考え、どういう態度・姿勢で取り組んでいるかを知っていただくことで、「プロジェクト成功」という共通のゴールを目指し、ともに進んでいけるものと思っております。
もちろん同業であるベンダーの方々にも、私の考えが、何らかのお役に立てるのではないかという期待を持ち、本書を執筆いたしました。
本書の内容が、今すぐにはピンとこなかったとしても、実際にプロジェクトをスタートしたり、何らかの経験を経たりした後に、思い出し、納得いただける部分もあるかもしれません。

本書がシステム開発プロジェクトに携わるすべての方々の一助となり、1つでも多くのプロジェクトが成功に導かれることを願っています。

ノムラシステムコーポレーション取締役　内山　勉

プロジェクト強靭化理論　目次

# 第2章 プロジェクトを成功に導くための核心

## 第3章 プロジェクト成功への「形式知」

［第4章］

# プロジェクト成功への「暗黙知」

## 第5章 システム稼働後にやるべきこと

装幀・本文デザイン　佐々木博則
編集協力　坂田博史
図表作成　ティー・ハウス

本書で言う「プロジェクト」とは、会計システムや人事システム、販売システム、購買システムなどのシステムが一元的に統合された企業向け基幹システム、一般的に「ＥＲＰ（Enterprise Resource Planning）」と呼ばれる「システム導入・開発プロジェクト」のことを指します。

第1章

# なぜプロジェクトが成功しないのか

# 「ＤＸで企業変革」は本当に正しいのか？

皆さんは、「ＤＸ（デジタル・トランスフォーメーション）」という言葉を聞いて、どのような内容を思い浮かべるでしょうか。

「システムの導入やデータの活用を通して企業変革を行うこと」

最も簡単に言うなら、こうした内容をＤＸと呼んでいると私は理解しています。

デジタルを最大限活用した企業変革であるＤＸは、どの企業にも必要不可欠であり、それを行うことは、「絶対的な善」だと誰もが信じているように見えます。

古いシステムや仕組みのまま何も変えずにいれば、環境の変化に対応できず、時代に取り残されてしまいます。成長を目指すべき企業が、それでいいはずはありませんから、システムの刷新やバージョンアップが必要不可欠なものであることは、疑いようがありません。

しかし、急激で大々的な変革が、本当にどの企業にも必要なのでしょうか。本来、変えてはならない、維持すべき、守るべきものが、それぞれの企業にはあるはずです。ＤＸという名目の下《もと》に、それすらも変えてしまっているとしたら、それは「改悪」ではないでしょうか。この急激な変革を望む背景には、先に述べた「設計主義」があると思います。

一方で、外圧がないと「変わらない」「改善すら行われない」企業が多いのも事実かもしれません。そういった状況を打破するために、やや強引であることは承知のうえで、DXを特効薬的に使うことは理解できます。コーポレート・ガバナンス改革なども、同様の理由で実行している経営者やマネジメント層は多いでしょう。

しかし私は、DXという言葉に踊らされることなく、まずは肩の力を抜いて、独自の守るべきものをきちんと見極め、それを堅持しつつ新しいシステムを導入することが大切だと考えています。

そのうえで、システムや仕組みに変化を加える。その変化に徐々に慣れていく過程で、長所と短所をしっかりと見定め、短所の「改善」を繰り返していくことでも、企業変革は可能だと思います。

「改善」は本来、日本企業の競争優位性の源泉として実践されてきた活動のはずです。この「改善」という経営技術は海外でも多く取り入れられ、1980年代には「Kaizen（カイゼン）」という概念となり、『オックスフォード現代英英辞典』に収録されるようになったほどです。また、アマゾン創業者のジェフ・ベゾス氏は、２０１０年の株主総会において、「Kaizen」という言葉を使って企業の取り組みを説明しています。詳しくは、経営学者である慶應義塾大学商学部の岩尾俊兵《しゅんぺい》准教授による著書『日本企業はなぜ「強み」を捨てるのか』（光文社新書）にあります。

この改善の強みを捨て去り、設計主義に基づいた変革を追い求めた結果、自滅するようなことは避けなければならないと考えています。

## 「欧米に倣え」の根拠

昨今、ＲＯＥ（Return On Equity：自己資本利益率）やＲＯＡ（Return On Assets：総資産利益率）などの偏ったＫＰＩ（Key Performance Indicator：重要業績評価指標）主義、四半期決算、過度なコンプライアンス統制、多様性（ダイバーシティ）の強制的取り入れなど、先人たちの知識や知恵を無視して、強引に欧米流の企業変革が進められていると感じているのは私だけではないでしょう。

こうした欧米発の経営手法などによって、日本企業は本当に改善され、改革されているのでしょうか。欧米に合わせることが、日本企業にとって本当に正しいことなのでしょうか。過度な定量化や数値重視により、経営の本来の活力が損なわれている可能性はないのでしょうか。

変革の必要性を言われ続け、それを推進してきた結果、「失われた30年」になってしまったと考えることもできるのではないか。私はそうした疑念を持っています。

たとえば、多くの企業が「ＰＤＣＡ（Plan-Do-Check-Action）サイクル」を大切にしています。しかし、社会学者の佐藤郁哉氏は、日本企業のそれは「ＰｄＣａ」になっているのではないかと指摘しています。

日本企業の多くが、計画（Ｐ）と評価（Ｃ）ばかりに力を注ぐあまり、実行（Ｄ）と改善（Ａ）に手が回らなくなっている（Ｄ→ｄ、Ａ→ａとなっている）のが実態であるとの指摘です。私も、さまざまな会社のシステム開発に携わってきた経験から、この指摘には非常に共感します。行動すること自体、そしてその行動から学ぶこと、その学びをもとにした改善、これらが軽視されているように思います。

そもそも欧米の経営手法などを取り入れる「欧米に倣《なら》え」の根拠となるものは何でしょうか。

「失われた30年」の間、日本企業が衰退するのとは対照的に、ＧＡＦＡＭ（Google、

Apple、Facebook〈現Meta〉、Amazon、Microsoft）を代表としたアメリカ企業は繁栄している。だから、アメリカ企業が実際に行っている経営手法などを取り入れようとするのでしょう。

しかし、これらアメリカ企業の繁栄の要因は、その企業体質や企業経営が良かったからなのでしょうか。真の要因はほかにあるのではないかと、私は考えています。

イギリスの経済学者マリアナ・マッツカート氏は、著書『企業家としての国家』の中で、アップル社の発展はアメリカの国家安全保障上の投資の賜物《たまもの》であると指摘しています。つまり、アメリカ企業は、その企業独自の企業努力だけで繁栄できたわけではなく、国家の援助や、国家が主体的に企業をけん引した結果、繁栄できたという側面があるというのです。もちろん、スティーブ・ジョブズが偉大な経営者であったことは間違いありませんが、アップル社の発展の要因として、経営以外の要素も大きいのではないかということです。

また、元京都大学大学院工学研究科准教授で、現経済産業省官僚の中野剛志氏は、著書『真説・企業論』（講談社現代新書）において、インターネットやＧＰＳ、タッチスクリーンなどの技術がアメリカの国家開発に由来していることを指摘しており、アップル社だけでなく、グーグル社やアマゾン社、フェイスブック（現メタ）社などのアメリカのＩＴ産業は、アメリカ国家安全保障上の軍事戦略投資の結果であると述べています。

さらに、一般的には多様性を推進することが企業成長を促すと信じられていますが、シリコンバレーの産業の歴史を踏まえ、人種や民族的な多様性と企業成長の因果関係も逆であることを指摘しています。

つまり、これらアメリカ企業の隆盛の要因は、その企業体質や企業努力だけではないということです。そうであるならば、盲目的に海外の真似をし、アメリカ企業の経営手法を日本企業が取り入れたところで、同じように繁栄できるわけではないでしょう。

## 日本企業が衰退した本当の要因

アメリカ企業の繁栄にアメリカ国家が大きな影響を与えている一方で、日本企業が長らく衰退してしまっているのはなぜでしょうか。

1989年の世界時価総額ランキングにおいて、1位はNTT、2位は日本興業銀行、3位は住友銀行と、ベスト3を日本企業が占めるにとどまらず、ベスト10のうち7社が日本企業でした。

それが、2024年の同ランキングを見てみると、1位はアップル社、2位はマイクロソフト社、4位はアルファベット社（グーグル社）と続き、ベスト10のうち実に9社がアメリカ企業となっています。日本企業の最高位は、トヨタ自動車の39位です（「2024年世界時価総額ランキング。グローバルのトップ企業と日本勢の差はどれくらい？」STARTUPS JOURNAL）。

日本企業が衰退した理由はいろいろ考えられますが、1985年のプラザ合意をはじめ、日米貿易摩擦、日米半導体協定、アメリカからの年次改革要望書などの「市場原理とはまったく異なる外圧」の影響が大きかったと私は考えています。

たとえばIT分野においては、アメリカの包括通商法スーパー301条の対象候補に日本製OS「トロン（TRON）」が指定されたことで、トロンは市場で勝負することすらできなかった可能性が高いと見ています。

こういったアメリカからの圧力が、日本企業の成長力を削《そ》いでいった要因の1つであることは間違いありません。

それに加えて、1997年以降、緊縮財政による研究・開発投資の削減や消費増税などの日本国内の失政が、日本企業衰退の後押しをした可能性も高いでしょう。

つまり、アメリカをはじめとした海外からの圧力や、日本国内の失政によって日本企業が衰退していった可能性が高く、日本企業の経営手法が全面的に悪かったわけではないのです。

これらのことを鑑《かんが》みると、欧米企業の経営手法に倣うにしても、その良い点と悪い点をしっかりと見極めることが重要なのではないでしょうか。

それと同時に、高度経済成長を成し遂げた日本企業の良い点と悪い点もきちんと分析し、先人たちの知恵に学び、改悪を避けながら変化していくことが日本企業にとって非常に大事なことだと考えています。

## 「スクラップ＆ビルド」の危険性

「現在あるシステムや仕組みをすべて壊して、ゼロの状態からスタートしたい」

変革を行うものなら誰もがこう思うかもしれません。そのほうが、複雑に絡み合った課題や問題を一つひとつ丹念に解きほぐしながら解決していくよりも、魅力的に映るからです。

しかし、すべて壊してゼロからスタートする「スクラップ＆ビルド」には、常に危険がともなうことは認識しておく必要があるでしょう。

また、安易なスクラップ＆ビルドは、先人たちの成果を軽視することにもなります。なぜなら、スクラップ&ビルドを実行した結果、先人たちと同じ過ちを繰り返し、結局は先人たちが成し遂げたことさえできないことがほとんどだからです。

目の前の複雑に絡み合った課題を丹念に解きほぐして解決することを避け、ゼロからスタートしてみると、実は過去に先人たちが解決していて見えていなかった課題や問題が大量に顕在化し、予定通りの成果を出せなくなるといった事態が、システム開発プロジェクトでもよく見受けられます。「業務改革」という言葉を耳にしますが、本当に改革になっているかと言えば、「業務改悪」となってしまっているケースもあるのではないかということです。

その時々の状況や背景にもよりますが、現行の業務やシステムをしっかりと踏襲し、そのうえで課題や問題を丹念に分析して、部分改善を繰り返していくほうが、業務改革として有効なケースが多いと私は感じています。

2024年4月初旬、大手食品企業で基幹システムを新システムに移行する際、システム障害が発生し、その後も数カ月にわたって商品が出荷できなくなるという大きなトラブルが起きました。このシステムトラブルにより、当該企業は数百億円の売上と数十億円の利益が吹き飛んだと言われています。それまで何十年も使われてきた部門ごとのシステムを、一気に大規模な基幹システムに統合することを目指したようですが、端的に言えば、そのプロジェクトは失敗したということです。

スクラップ&ビルドではなかったかもしれませんが、大規模刷新にはこうした大きなリスクがあることは、この事例を見てもわかります。

もし部門ごとに、あるいは段階的に新システムへ移行していくといった計画であれば、今回のような大きなトラブルは避けられていたかもしれません。

## 人間理性を過信することなかれ

「スクラップ&ビルドは、自己の理性や力量への過信などによって引き起こされる」こう言うこともできるかもしれません。

人間の理性を絶対的なものとみなし、問題解決において古い慣習や制度を捨て、新しい制度や仕組みを積極的に設計するべきという「設計主義」の思想が、スクラップ&ビルドの根幹にはあるからです。

「歴史は繰り返す」と言われますが、スクラップ&ビルドは、政治の世界でもよく再現されてきました。イギリスの政治思想家エドマンド・バークは、著書『［新訳］フランス革命の省察』の中で、人間理性への過信を戒めています。

人間理性を過信することによって、これまでの文化や体制を壊し、白紙の状態から設計すれば、すべて上手くいく文化や体制を新たに作り上げられると錯覚してしまう。まさに設計主義の恐ろしいところです。

人間の理性とは常に危なっかしいものであると認識しているからこそ、失敗を繰り返しながらも、それらを改善してきた先人たちの知恵や慣習などから学ぶ姿勢が必要であると、私は考えます。

また、スペインの哲学者オルテガ・イ・ガセットは、著書『大衆の反逆』の中で、過去との連続性を断つことに対して警告を発しています。

新たに事を始めようと願うことは、人間がオランウータンにまで落ちぶれ、それを真似しようとすることであり、人間の真の宝は、その失敗の蓄積、すなわち、何千年にもわたって一滴一滴とたまってきた生に関わる長い経験であると説いています。

システム刷新やDX推進においても、過去との連続性（承継）をどのように保持するのか、複雑に絡み合った現状の課題や問題をどのようにとらえて変革していくのか、慎重に考えていかなければならないのではないでしょうか。

## 「適正な変革度合い」の見極め方

では、システム開発において、改善で済ますのか、大きく刷新・改革するのか、必要な変革の度合いはどのように見極めればよいのでしょうか。自社にとっての「適正な変革度合い」は、どうすれば見えてくるのでしょうか。

適正な変革度合いを知るために、まずやるべきは、自社の独自性、自社にとっての基準や標準をあらためて確認することでしょう。原点回帰で、企業理念や企業ミッション、各種の行動規範などから変革ポイントを検討することが重要です。

たとえば、当社の企業ミッションは、「『高度なＩＴ技術』『顧客企業への深い理解』『卓越した組織力・プロジェクト力』をもとにした優れたソリューションにより、日本企業の経営課題解決に貢献すること」です。

これを踏まえて、人事考課を例に挙げると、システム標準機能としての人事考課は、組織のライン長が評価を行うのが通常です。しかし当社の場合は、組織のライン長よりも実際の各プロジェクトのマネジャーのほうが当人の仕事ぶりをよく理解していると考えます。通常の人事考課を実施してしまうと、勤務表から把握できる勤務態度や経歴、実績から読み取れる情報をもとに評価をすることになります。すると、業績評価への比重が大きくなり、プロセス評価（能力評価）が小さくなります。プロジェクトへの巡り合わせの関係で、たまたま実績や経歴がそれほど良く見えない場合も多々あります。これでは、企業ミッションとして掲げている「高度なＩＴ技術」を保持する優秀な人材を、的確に評価することができません。

こうしたことから、当社では組織のライン長ではなく、プロジェクトのマネジャーが人事考課を行うようにしています。つまり、システム標準に合わせて変化させてはいけない（堅持すべき）部分となります。

もちろん、企業理念や企業ミッション、各種の行動規範などと照らし合わせても特に影響がない業務、たとえば承認事務手続きなどに関しては、ムダを省き、単純化する方針で変革を進めるのは良いことです。

ほかにも、たとえば小売業では、日々の売上など、会計データのリアルタイムでの把握は必要不可欠ですが、当社のようなシステムコンサルティング、システム開発会社では日々のリアルタイム性はほとんど必要ありません。このような業種や業態の特性を考慮に入れて、適正な変革度合いや範囲を見極めることも重要です。

さらには、変革の度合いや範囲と、その変革を行うプロジェクト体制とのバランスも大切になります。

全社的に大きな変革を目指す場合には、社長自らが変革プロジェクトのリーダーとなり、かつ各担当部署の責任者がプロジェクトメンバーとなり、それぞれの変革を担う主役となる必要があります。

裏を返せば、全社的に大きな変革を目指すにもかかわらず、システム部門の責任者が変革プロジェクトのリーダーとなり、各部署においても、責任者ではなく担当者がプロジェクトメンバーとして参加するようでは、変革度合いに比してプロジェクト体制が明らかに弱くなります。これでは、プロジェクトが失敗に終わる確率が高いでしょう。

変革の度合いや範囲に合わせてプロジェクトリーダーとメンバーを決めることが、プロジェクト成功には欠かせないのです。

## プロジェクトの体制と流れ

さて、システム開発に話を戻し、実際のプロジェクトにおけるシステム導入とシステム開発について考えていきましょう。

通常のシステム導入やシステム開発においては、実施企業とベンダー（当社のようなシステム開発企業）に加えて、プロジェクトマネジャー（ＰＭ）を補佐する「ＰＭＯ（Project Management Office)」が入るプロジェクト体制が一般的となっています。

実施企業側でプロジェクトの決裁権を持つプロジェクトオーナーを決め、配下にプロジェクトマネジャーを、実施企業側、ベンダー側のそれぞれで立てます。そのプロジェクトマネジャーを補佐する形でＰＭＯが設置されます。

各チームの編成は、プロジェクトの特性に合わせて、業務領域やシステム機能領域で区切るといったことを行います。また、プロジェクトの規模によっては関係各所への調整事や管理が増えてきますので、その場合は、適宜、各チームにリーダーを立てるなどを検討するといいでしょう。

各チームの担当者については、実施企業側は実際の業務を把握している担当者を、ベンダー側はその領域に精通したコンサルタントおよびＳＥ（システムエンジニア）を配置します。なお、図１－１で示した体制図では、各領域で発生した開発案件すべてを開発チームが一手に引き受ける形を表現しています。

図1-1　システム導入・開発の一般的な体制図

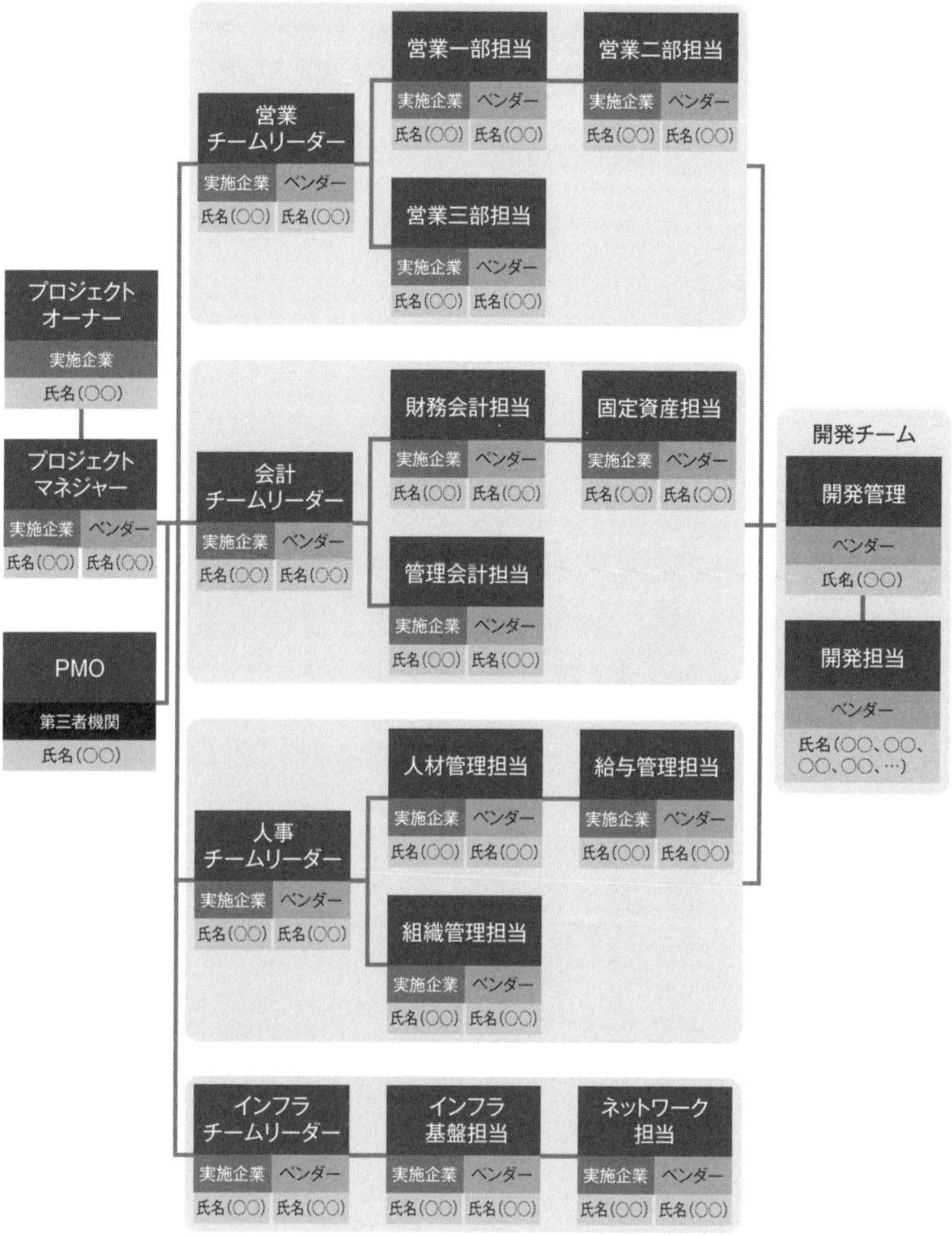

### 図1-2　システム導入・開発の一般的なプロセス図

| 現状分析 → 要件定義 | システム設計 → システム開発（製造） | 統合／総合テスト → ユーザーテスト → データ移行 | 本稼働 |
|---|---|---|---|
| ・現在の業務手続きを、業務フローなどを作成し整理していきます<br>・現在の業務手続きと新システムの標準業務との適合分析を行います<br>・新システムによる新業務フローや業務要件を定義します | ・新システムの全体設計を行います<br>・追加機能がある場合は、機能別のシステム設計を行います<br>・システム設計に従い設定や製造を行っていきます<br>・設定や製造が完了したものを機能単体でテストしていきます | ・システム全体をテスト（稼働試験）していきます<br>・ユーザーへのシステム操作トレーニングを行います<br>・ユーザーによるテスト（UAT）を行います<br>・旧システムから新システムへのデータ移行を行います | |

システム開発の大まかな流れとしては、次のようなプロセスで進行していくのが一般的です。

フェーズ1　現状分析
フェーズ2　要件定義
フェーズ3　システム設計
フェーズ4　システム開発（製造）
フェーズ5　統合／総合テスト
フェーズ6　ユーザーテスト
フェーズ7　データ移行
フェーズ8　本稼働

これらの作業は、主に実施企業とベンダーが共同で行い、その都度、さまざまな管理作業や評価などをＰＭＯが担います。

# プロジェクトが失敗する5つの理由

このようにシステム開発を進めていくうえで、どのような理由で失敗することが多いのでしょうか。ここでは、一般的なリスク管理では対処できない要因による5つの例を挙げたいと思います。

単純な人員不足や技術者のスキル不足、ずさんな管理体制など、誰が見ても失敗の要因が明らかなものは、紙幅の関係上、割愛します。

## 失敗要因①「PMOの弊害」

近年は、システム開発を行う実施企業とベンダーに加えて、第三者としてPMOを組み入れる体制が一般的と述べました。PMOを入れるのは、システム開発プロジェクトの進行管理（遅延防止）やシステム機能の評価を適正に行うことが目的ですが、そこには当然、メリットもあれば、デメリットもあります。

実施企業とベンダーにとって、プロジェクトの成功とは、システムがきちんと本稼働することであり、両者は同じ目標を持っているため、それに向けて力を合わせることができます。

一方で、ＰＭＯはあくまでも第三者であり、その存在意義はプロジェクトにおけるＰＤＣＡサイクルの「Ｃ（チェック・評価）」を担うに過ぎません。意地悪く言えば、システムが稼働せずともチェック、評価さえしていれば、彼らの存在意義は保たれるのです。

このため、ＰＭＯが役割に忠実に、チェックや評価を細々《こまごま》とやればやるほど、実施企業とベンダーの担当者の業務は増えます。スケジュール管理においても、ＰＭＯが厳しい要求を行うことがあり、実施企業とベンダーの担当者はその対応に奔走せざるを得なくなります。

こうしたＰＭＯの弊害により、実施企業とベンダーの担当者がどんどん疲弊していき、モチベーションが下がり、プロジェクトの進行が中断してしまったり、大幅に開発期間が延びたりといったことが起こっているのです。

## 失敗要因②「管理・監視主義」

前項のＰＭＯの弊害と重なりますが、管理や監視を重視し過ぎることで、プロジェクトの進行が妨げられるケースは多々あります。

ＰＭＯを体制に組み入れるプロジェクトが増えていることからもわかる通り、昨今、プロジェクトにおけるＰＤＣＡサイクルの、ＰとＣの作業が増大しています。

システム開発の実施企業としては、第三者機関を入れることで、自分たちでは評価が難しいシステム機能などの公正な評価を受けられる、お墨付きが得られる、というメリットがあります。

反面、報告資料の作成作業や、それらの説明に追われることになり、肝心なＤ（実行）とＡ（改善）に手が回らなくなるケースが散見されます。こうしたことがプロジェクトにおいて最も大切な知識創造を妨げているのです。

なお、システム開発におけるＰは、プロジェクト全体の計画はもちろん、テストや移行の計画、個人レベルの作業計画なども含まれます。Ｄはそれら計画の実行であり、Ｃは進捗状況やテスト結果などのチェック、評価です。Ａは進捗評価や品質評価の結果をもとに、リスケジュールや再テストなどの改善作業、さらに個人レベルの作業改善なども含まれます。

## 失敗要因③「契約主義」

システム開発の実施企業とベンダーは契約を交わし、その契約内容に基づいて開発を進めていきますが、あまりに細かい内容まで契約で決めてしまうと杓子定規になり、柔軟に対応することができなくなります。

実施企業とベンダーは協力関係であるべきところを、ベンダー側が「契約に書かれていないことは一切やらない」という態度をとれば、最悪の場合、対立関係が生まれてしまうでしょう。

たとえば、移行にともない必要となるさまざまなデータの準備や作成などは、当然、すべてのデータを管理・把握しているはずの企業側が行うもので、契約書にもそう明記することが一般的です。しかし実際の現場では、そうは言っていられない状況に追い込まれることも少なくありません。

また、以前のシステムのデータをそのまま使うつもりが上手く適合せず、新システムに合わせてデータを見直し、加工する必要が生じるといったこともよく起こります。

こうしたときに、ベンダー側が何の手助けもしなければ、信頼関係は築かれず、プロジェクトチームとしての協力関係は形成されません。

評論家であり、『「空気」の研究』（文春文庫）など数多くの著書もある山本七平は、企業と社員との関係性を日本的儒教思想と中国的儒教思想（欧米もこれにあたる）との違いで説明しています。

中国的儒教思想では、企業と社員との関係性は契約関係であり、契約関係に誠実であることを「忠」の概念と表現しています。

一方、日本的儒教思想における企業と社員との関係性は、「臣従《しんじゅう》的雇用」と表現されます。臣従的雇用とは「忠孝一致」の状態を表しており、前述の「忠」の概念に対して、血縁関係の基本である「孝」も必要だというのです。

この考えの善悪はここでは判断しませんが、日本において「家族経営」という概念が深く浸透しているように、企業と個人との関係においても、契約だけでは割り切ることができない、雇用契約書には書かれていない部分でも、お互いが協力し合って関係性を育んできた歴史があることは間違いないでしょう。

さらに山本は、日本企業は「機能集団」と「共同体」という二重構造があるとも指摘しています。こうしたことから企業間の関係性においても、契約書には明記されていない部分でもお互いに助け合う、ある意味、「共同体」としての暗黙のルールや秩序が存在してきました。

システム開発においても、契約だけでなく、この共同体という側面を考慮に入れなければ、プロジェクトは上手くいかないと私は考えています。

## 失敗要因④「実践を知らない管理」

ＰＭやＰＭＯなどの管理担当者が現場の現実を知らない、自分たちでは実践したことがない場合も、プロジェクトが失敗に終わることが多いと言えるでしょう。

なぜなら、実践を成功に導くための管理ではなく、管理のための管理を行ってしまうからです。こうした管理は、プロジェクトの成功とは切り離された「身体性のない管理」となってしまいます。

あるプロジェクトではスムーズに決定した事項でも、別のプロジェクトでは決定が難航することもあります。プロジェクトには常に不確定な要素が存在し、通り一遍の管理では上手くいきません。その時々の実践に合わせたマネジメントが必要です。

たとえば、スポーツにおいても、競技経験（実践）のない監督が結果を出すことは稀ではないでしょうか。仮にその成功例があったとしても、この場合においてのみ確率の低いほうを選択する妥当性もありません。

## 失敗要因⑤「余裕ゼロ」

実施企業がベンダーに対して値引き交渉を行い、ベンダー側の見積り金額をギリギリまで下げ、まったく余裕のない状況でプロジェクトがスタートすることがあります。また、スケジュールにおいても同様に、時間ギリギリで、最短のスケジュールが組まれることがあります。

ベンダー側に金銭的、時間的余裕がなくなれば、担当者の心理的不安は大きくなり、心身ともに疲弊しやすくなります。常に追い込まれたような状態で、創造的な仕事ができるはずがありません。結果、プロジェクトは常時ギスギスした環境で進み、失敗に終わることが多々あります。

コストを少しでも抑えたい、できるだけ短期間でプロジェクトを終わらせたいというのは、よくわかりますが、それにも限度があるでしょう。低額で契約しても、プロジェクトが失敗に終わってしまえば、実施企業にとって何のメリットもありません。

やはり、ベンダーを含めた担当者が力を発揮できるよう、知識創造ができるよう、ある程度の余裕（安定的な場）を与えることは非常に重要なことだと言えます。

プロジェクトの成功を考えるために、まずは失敗の要因を見てきました。ここまで読んでいただき、システムの導入が、いかに過度な思い込みと不確定要素に満ちているかがおわかりいただけたのではないかと思います。

プロジェクトに限らず、何かを成功させるためには、予測によるリスク回避と、臨機応変な対応は不可欠です。そのうえで、さらに成功を確実なものへ近づけるためにできることもあります。

次章では、成功するために必要な要件を考察していきます。

# 第2章

# プロジェクトを成功に導くための核心

# 「D」と「A」を重視したマネジメントとは?

アメリカ発のプロジェクトマネジメント手法「PMBOK（Project Management Body Of Knowledge）」をはじめ、現在のプロジェクトマネジメントでは、PDCAサイクルのP（計画）と、C（チェック・評価）ばかりが重視されていることに、私は大きな問題意識を持っています。

では、D（実行）と、A（改善）を重視したプロジェクトマネジメントとは、いったいどのようなものなのでしょうか。その答えはいろいろ考えられると思いますが、私は、プロジェクトのゴールへ向けての「組織的知識創造プロセス」に主眼を置くことが、DとAを重視したプロジェクトマネジメントになると考えています。

知識創造については、『知識創造企業』（野中郁次郎・竹内弘高著、梅本勝博訳、東洋経済新報社）の知見を私なりに解釈して活用していることを、あらかじめお断りしておきます。

本書では、企業向け基幹システム（ERP）におけるシステム開発プロジェクトを取り扱っていますが、システム開発以外の新商品開発プロジェクトや人材開発プロジェクトといった「プロジェクト」と称される仕事全般について、本書の内容が役立ち、参考になるのではないかと思います。

また、プロジェクトの成功について、本書では次のように定義します。

「プロジェクト計画時に想定された納期、費用（予算）の範囲内で、目的の機能を有したシステムが稼働できること」

もちろん、企業によってはシステム稼働後の「業務効率化」「売上向上」「利益向上」、あるいは「データ分析による経営判断による成果」「企業変革」などが達成できて初めて「成功」と位置づける場合もありますが、ここではわかりやすく、システム開発におけるシステムの本稼働とします。

そもそもプロジェクトの成功率が低いわけですから、まずはシステムを稼働させるという目標の達成が第一義だと考えるからです。

## システム開発における「形式知」と「暗黙知」

プロジェクトを成功へと導く理論として、私は「プロジェクト強靭化理論」を構築し、提唱しています。

プロジェクト強靭化理論は、「形式知」と「暗黙知」から構成され、それぞれ実践を通じて蓄積されたノウハウを結集し、体系化・理論化しています。

これら「形式知」と「暗黙知」をベースに、「組織的知識創造」を起こしながらプロジェクトを進めることで、成功へと導くことができると考えているのです。

プロジェクト強靭化理論における「形式知」とは、すでに明文化されたプロジェクト成功のための知識全般のことです。ですから、特別な知識というわけではなく、システム開発プロジェクトに何度か携わった経験がある人であれば、ほとんどが既知の内容だと思います（一部、独自理論も含まれます）。

具体的には、過去の実績から確立されたフレームワークやルール、スケジューリングの考え方、組織編成理論（T字モデルなど）、要件定義の進め方（アプローチ方法、タスクフローなど）、テスト・検証（V字モデルなど）、移行方法（業務移行、データ移行、システム移行など）といったさまざまな方法論のことです。

こうした方法論を整理して理解することで、ムダを省《はぶ》き、効率を高め、より合理的で確実性の高いプロジェクト推進が可能となります。

プロジェクト強靭化理論における「暗黙知」とは、明文化されていない、プロジェクト成功のための個人やチーム、組織の態度や姿勢のことです。

暗黙の知ですから、本来は、言語化することが困難な知見を指しますが、本書では、過去の実践に対する考察や、さまざまな学術論文（社会科学・社会心理学・経営学・経済学・哲学など）から重要なエッセンスを取り出し、それらを補助線にすることで言語化を試みています。

しかし、これら形式知と暗黙知からなるプロジェクト強靭化理論を知識として所持していれば、プロジェクトは上手くいくかと言えば、そうではありません。

形式知や暗黙知を習得するには、直観（直感）や実感を大事にし、そうした経験から知識（理論）を参照することです。形式知や暗黙知は常に実践から語られるものであり、そこで得る直観や実感が何よりも大切だからです。そしてそのためには、日々の業務を遂行する際に出てくる疑問や違和感、実感などをきっかけに、多くの「知」へアクセスし、疑問や違和感を解消していくことも重要になります。

つまり、方法論やフレームワークを、それのみで学んでもあまり意味がないのです。直観や実感をきっかけに、知識のはしごをのぼって理解度を高める。それによって生きた形式知と暗黙知を習得することができ、実践することも可能となるのです。

## 知識創造を促進する5つの要件

プロジェクトのスタート時点において、すでに所持している個人および組織の知識のみによって、プロジェクトのゴールまでたどり着けるわけではありません。プロジェクト期間中に発生するさまざまな課題や問題、それらを解決するための組織的知識創造が起こることが、プロジェクトの成功には欠かせないのです。

そのためには、プロジェクトチームを1つの有機的生命体として見る組織観も重要です。チームの成長なくしてプロジェクトの成功はありません。一方で、個人のきわめて主観的な洞察や直観、イメージなども広い意味で知識に含まれ、それらの成長も不可欠です。

つまり、プロジェクト成功の条件は、組織的知識創造の促進要件を満たし、(個人およびチームの成長と同義となる)プロジェクト内知識創造を起こすことだと考えます。スケジュールや役割分担、移行手順といった既定の方法論やルールに縛られることなく、状況に応じた解決策を創造し、実行することで、プロジェクトを成功に導くことができるのです。

知識創造の促進要件は、次の5つです。

1 組織の意図:プロジェクトの目的・目標を明確にし、各人のレベルまで具体化すること

2 各個人の態度・姿勢:自律性や主体性を持った個人の態度。特に「暗黙知」の多くがこれに該当する

3 ゆらぎ・カオス:ある程度の曖昧《あいまい》性を含んだ状態

4 情報の冗長性:プロジェクトメンバー各人が本人にとって直接的には必要がないと思われる情報を重複共有すること

5 最小有効多様性:プロジェクトメンバー各人の経験や知識にある程度の多様性がある状態

これらの要件が満たされることで、組織的知識創造が得られます。

## 組織的知識創造の4つのプロセス

日本の経営学の第一人者である野中郁次郎名誉教授、竹内弘高教授の著書『知識創造企業』において、「形式知」と「暗黙知」について論じられています。本書の「形式知」と「暗黙知」の整理は、この理論を出発点としています。

組織的知識創造とは、暗黙知を豊かにしつつ形式知化し、それらを組み合わせ実践に結びつけることで、再び新たな暗黙知を形成するといった、2つの知の相互作用というダイナミクスのことです。

組織的知識創造のプロセスは、「共同化」「表出化」「連結化」「内面化」の4つに分かれ、これらの相互作用が繰り返し起こるスパイラル・プロセスなのです。

共同化：暗黙知から新たに暗黙知を生み出すプロセス
表出化：暗黙知から新たに形式知を生み出すプロセス

図2-1　組織的知識創造プロセスにおける4つの知識変換モード

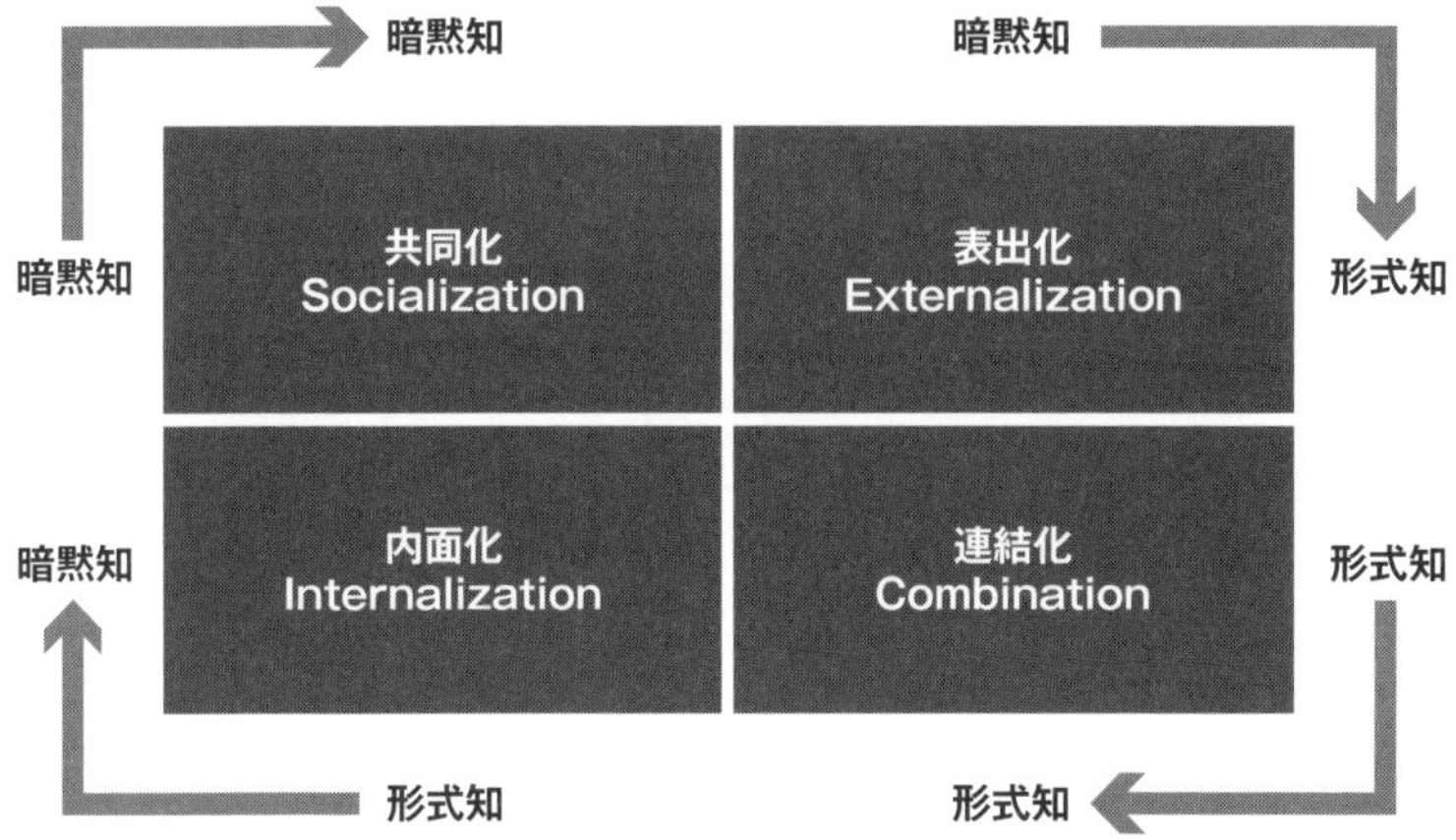


出典:『知識創造企業』（野中郁次郎・竹内弘高著、梅本勝博訳、東洋経済新報社）

連結化：形式知から新たに形式知を生み出すプロセス
内面化：形式知から新たに暗黙知を生み出すプロセス

『知識創造企業』の中で特に強調されているのが、知識創造の特徴は、暗黙知から形式知への変換にあるという点です。ある個人のきわめて主観的な洞察や勘は、形式知に変換して社内の人たちに共有されない限り、会社にとっては価値がないに等しいからです。

かつての日本企業は、特に製品開発において、この暗黙知から形式知への変換を非常に得意としていました。自動車の新車開発や家電製品の新商品開発において表出化が行われ、数々のヒット商品を生み出したのです。

## チームにキーマンを配置する

プロジェクトを進めるにあたっては、方法論やフレームワークといった「形式知」だけでなく、態度・姿勢といった「暗黙知」についても習得した技術者やコンサルタントが、プロジェクトチームのキーマンとなることにより、何らかの問題が発生しても、しなやかに対処し、リカバリーすることができます。

キーマンとなる人物は、過去の実績から確立された方法論やフレームワークに関して、それらの有効性を知り、目的や意義を確実に理解し、習得している（形式知）のに加えて、どれだけ完璧な方法論やフレームワークを活用していても必ず問題が発生することを前提に、その問題に対処する態度や姿勢をも身につけている（暗黙知）必要があります。

プロジェクトにおいて、不確実性は一定程度、必ず存在します。方法論やフレームワーク、最適化された体制だけで不確実性を避けることはできません。

たとえば、業務担当、申請担当、インターフェース担当など、きちんと担当を分けていたとしても、それらの担当をまたがる問題や、担当と担当との間で起きる問題があります。

そもそも企業（組織）は、不整合や矛盾をはらんでいることが普通で、組織形態や業務形態が完璧に整合性がとれている企業など、ほとんどないでしょう。

そうした不整合や矛盾を抱えた企業にシステムを導入するのですから、そのプロジェクトもまた不整合や矛盾を抱えるのは当然です。

つまり、プロジェクトには思いもよらぬ問題が起きることが前提であり、それらに対処できるキーマンがいることが、プロジェクトの強靭化につながるのです。

## 役割分担は「機能」と「主観」を使い分ける

ドイツの社会学者マックス・ウェーバーは、官僚制を分析し、「没主観性」と「計算可能性」が特徴であることを見出しました。

官僚制は徹底的に効率的で合理的な組織を志向するものであり、現代の組織マネジメントの基礎となっています。また、昨今の「見える化」も、新しい概念ではなく、一〇〇年以上前の社会科学ですでにその方法は指摘されていました。

没主観性と計算可能性とは、言い換えれば、定量的な数値によって客観的な判断が可能となり、かつ結果を予測できるということです。ですから、一定のルールに従えば、誰でも役割を遂行できるのが官僚制の特徴です。

これを、プロジェクトの遂行に当てはめて考えてみましょう。

プロジェクトにおいては、計算可能性が高い役割領域と、不確実性が高い役割領域があります。

たとえば、アドオン（拡張機能）開発の詳細設計やコーディングに要する人材を考える場合、必要な工数の算出や必要なスキルセットの数値化を行うことができ、想定し得るリスクもバッファ工数として計算することができます。こうしたケースでは、官僚制に則って機能的な役割分担を実施することが合理的になります。

しかし、業務要件定義やシステム基本設計などといった不確実性の高い領域において、同様のことができるかは大いに疑問です。必要な打ち合わせの日数や期間、使用する機能範囲から導き出される必要なスキルセット、想定し得る検討課題の量や質などを、あらかじめ詳細に計算することは不可能でしょう。

つまり、計算可能で、定量化できる役割であれば、官僚的な機能的役割分担が有効ですが、そうでない場合も多々あるということです。

さらに言えば、効率性と合理性を求めることで、逆に非効率で非合理的になってしまうことすらあります。このことは、アメリカの社会学者ロバート・キング・マートンの研究において、目的置換による逆機能などで明らかにされています。

また、効率性と合理性を追求した、ムダを省いた組織やルールには、余裕やあそびがないため、不確実性に対して非常に脆弱《ぜいじゃく》です。

したがって、不確実性の高いタスクにおいては、概算工数などのある程度の試算は行いますが、最終的な判断は、メンバーの経験や能力、実績などを考慮に入れながら、プロジェクトマネジャーが主観的に役割分担を決定すべきだと考えます。

## 「T字モデル」によるチーム編成

プロジェクトにおいて、業務要件定義やシステム基本設計などは、不確実性の高い役割領域であるにもかかわらず、機能的役割分担で担当者を配置することが多く、それが原因でプロジェクトの進行が遅れるといったケースも散見されます。

図2-2　一般的な担当割とT字モデルによる担当割

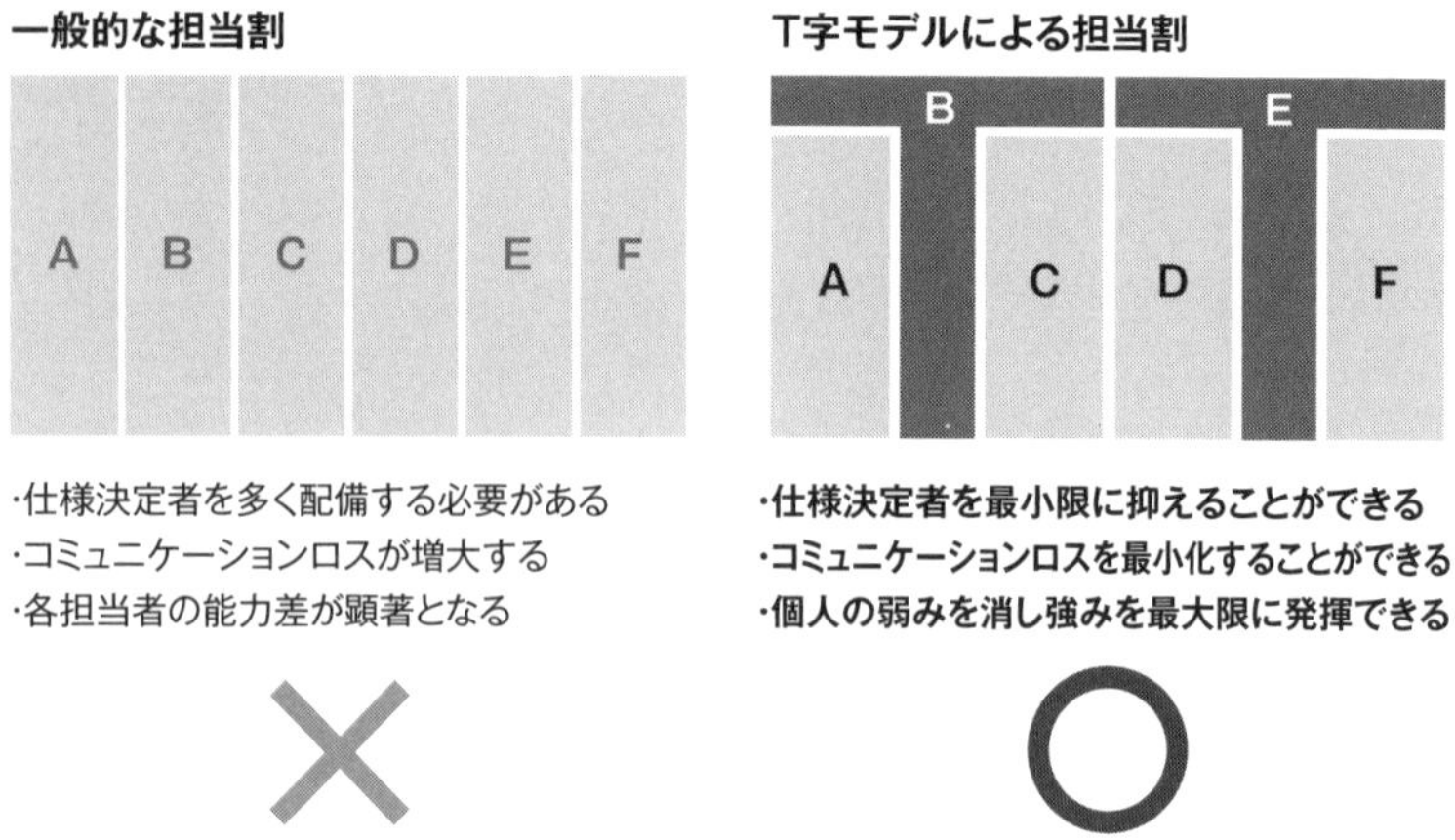
一般的な担当割
A
B
C
D
E
F
・仕様決定者を多く配備する必要がある
・コミュニケーションロスが増大する
・各担当者の能力差が顕著となる
T字モデルによる担当割
B
E
A
C
D
F
・仕様決定者を最小限に抑えることができる
・コミュニケーションロスを最小化することができる
・個人の弱みを消し強みを最大限に発揮できる

なぜなら、不確実性が高い役割領域では、潜在的な情報量が膨大であり、タスクの難易度も高いため、担当者の力量によってスピードや質が大きく変わってしまうからです。

業務要件定義やシステム基本設計における遅延や決定事項の漏れなどは、プロジェクトにとって致命的であり、それだけに役割分担、担当者の決定には細心の注意を払う必要があります。

チーム編成によって、プロジェクトの成否が大きく左右されると言っても過言ではないのです。

機能領域別の担当割は図2－2の左の図が一般的ですが、不確実性の高い役割領域では、意思決定部分を最少人数で行うチーム編成のほうが有効です。図２－２の右の図では、Ｂの担当者が隣のＡとＣにも目を配り、フォローしたり、代わりに意思決定したりします。Ｅの担当者は隣のＤとＦに同様のことを行います。こうすることで、機能領域別の分業のメリットを残しつつ、デメリットを最小化することが可能となり、何か不測の事態が起きたときにも対応できるようになるのです。これを「Ｔ字モデル」といい、このＢやＥの担当者が「キーコンサルタント」と呼ばれ、技能や経験値が高い人に担ってもらいます。

注意すべきは、ＢやＥは、「管理者ではない」点です。「立場が人を作る」という言葉がある通り、管理者という立場にしてしまうと、管理者としてのふるまいや思考にとらわれてしまいます。そのために業務要件や仕様把握ができなくなる可能性が高く、ここでは、あくまでも担当者の目線で業務要件を把握し、システム仕様の決定につなげる必要があります。

こうしたＴ字モデルのチーム編成を行うことで、仕様決定者を最小限に抑えることができるだけでなく、コミュニケーションロスを最小化することもできます。

## 弱みを消し、強みを最大限に発揮する

マネジメントの父と称されるP・F・ドラッカーも、組織と個人を相互補完的な関係でとらえ、組織の目的は、そこに所属する人たちの弱みを消し、強みを最大限に発揮できるようにして成果を上げることだと述べています。

一般的な機能領域別の役割分担では、各担当者の能力差が顕著に表れてしまい、能力が不足している担当領域で遅延や品質低下が起きる可能性が高く、それを起因にチーム全体の遅延リスクや品質低下リスクが増大することがあります。

一方、T字モデルによる役割分担では、A、C、D、Fの担当者の能力が不足していても、キーコンサルタントであるBとEがそれを補うことが可能です。逆に、BとEの作業量が増大した場合には、その作業をA、C、D、Fの担当者に振り分けて補うことができます。チーム全体として個人の弱みを消し、強みを最大限に発揮できる編成がT字モデルなのです。

ただし、具体的なタスクが多い開発チームなどにおいては、この限りではなく、機能別配置のままでも構いません。要件定義や基本設計といった上流領域や、意思決定の難易度

が比較的高い領域において、T字モデルによる配置を行います。

なお、この組織編成については、ベンダー側だけではなくシステム開発の実施企業側にも同じことが言えます。経験豊富な業務担当者をキーに、個人の弱みを消し強みを最大化するチーム作りが必要となります。

そもそも、このT字モデルは過去の日本企業が当然のごとく行ってきた、多能工型の仕事の仕方が背景としてあります。昨今、ジョブ型雇用などが推し進められ、多能工型という経営技術自体が失われつつありますが、縦割りの弊害といって役所や官僚組織を批判する一方で、ジョブ型雇用を勧める政府や世論も矛盾に満ちていると思います。

## 「技術力」だけでなく「精神力」も不可欠

本章の最後に、業務を遂行するための力についても触れておきます。

どんな業務でも、技術力が必要なことは言うまでもありません。プロジェクトにおいては、プログラミングやカスタマイズ、実践で用いるさまざまな知識やスキルなどが技術力です。技術力は、学習や経験を蓄積していくことで習得が可能であり、より多くの知識を獲得し、実践の経験を積むことで、ほぼそれに比例して技術力も上がっていきます。

しかし、技術力だけで仕事を完遂できるかと言えば、それは難しいでしょう。

特に、前述のキーマンやキーコンサルタントになれば、不測の事態に直面したとき、その対応を迫られます。そこでは技術力に加えて、精神力が重要になります。

ここで言う精神力とは、自分自身の理解を超えた状況を整理できる力であり、不安定な精神状態を抱え込む力であり、曖昧な状況を上手く宙ぶらりんのまま整理し、意思決定を行っていく力を指します。

自分自身の理解を超えた状況、つまり、その仕事におけるゴールや、ゴールまでの到達方法がわからない状況で意思決定を迫られた場合、誰でも恐怖や不安を感じることでしょう。たとえば、業務要件定義を行う際でも、すべての機能を期限内に実現できるかどうかわからない部分と、ある程度わかっている部分とが混在します。

しかし、そのような状況でも、熟練の経験者であれば、曖昧な状況をそのまま受け入れつつ、少しずつ確実なところから意思決定を行い、プロジェクトを前に進めていくことができます。それが精神力です。恐怖や不安にたじろぐことなく仕事を遂行するためには、こうした精神力が欠かせません。

図2-3　仕事レベルと精神力・技術力の関係

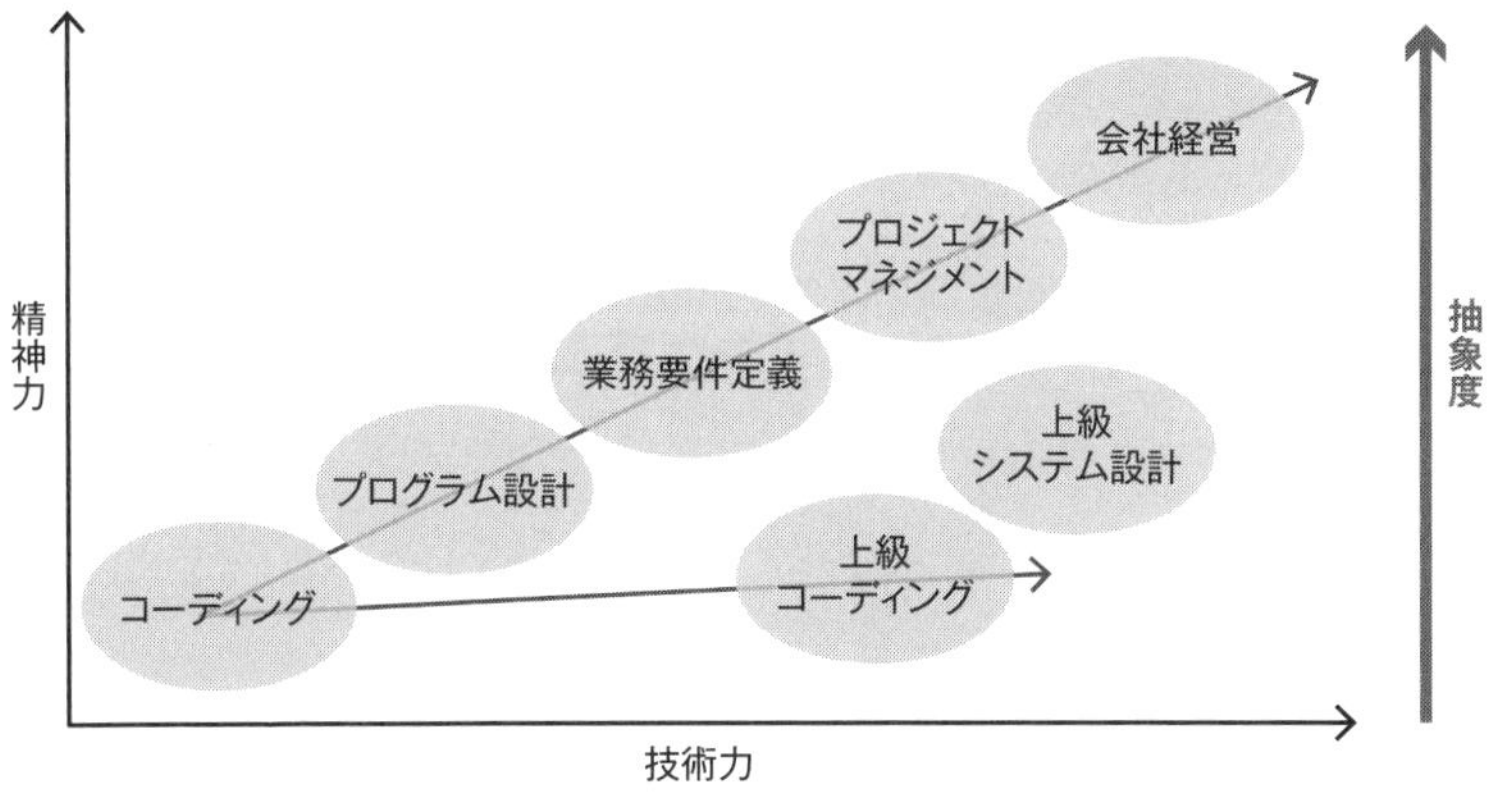


抽象度が高い仕事 ➔ 強い精神力が必要　　具体性が高い仕事 ➔ 高い技術力が必要

図2－3は、技術力を横軸、精神力を縦軸に、プロジェクトの業務を整理したものです。右に行くほど高い技術力を必要とし、上に行くほど高い精神力を必要とします。

総じて言えば、仕事の抽象度が上がれば上がるほど、潜在的な情報量が格段に増加し、ゴールやそこまでの過程を明確にすることが難しくなります。裏を返せば、技術力の向上に励むだけでなく、精神力を向上させることも強く意識しながら仕事に向き合えば、少しずつ抽象度の高い仕事もできるようになり、より難易度の高い業務を遂行できるようになるということです。

精神力を鍛える方法は社員育成の内容となるため、詳細は割愛しますが、企業の社員育成の中でゴールマネジメント（目標管理）という手法があります。適宜、次の2つのゴール設定を行うことで育成していきます。

①成功体験蓄積のための安心できる明確なゴール

②精神力強化を行うための曖昧で到達までの方法が明確でないゴール

一般的なゴールマネジメントでは、この①のみが語られていると思います。しかし、②を遂行する過程において、精神的負荷（不安／ストレス等）を乗り越えることで、より強い精神力を獲得していくことが可能となります。

このときに、社員の精神的負荷の度合いの適正さを測ること、またそれを実施するための下地作りを疎《おろそ》かにしないことが重要です。下地とは、仕事への真摯《しんし》な姿勢を尊重する社内文化を形成すること、また会社と社員、上司と部下との間にしっかりとした信頼関係を築いておくことです。昨今、パワハラやモラハラなどといったパワーワードによって、精神的負荷に対して悪いイメージを持っている社員も多く、このイメージや誤解をしっかりと払拭《ふっしょく》しておくことが前提となります。

第3章

# プロジェクト成功への「形式知」

# プロジェクトにおける2つの開発手法

システム開発プロジェクトにおける工程分けの手法はいくつかありますが、現在、主流となっているのは、「ウォーターフォール開発手法」と「アジャイル開発手法」の2つです。

ウォーターフォール開発手法とは、上流工程から下流工程へと順番に移行していく開発手法で、すべての機能が同時に「計画→設計→実装→テスト」と進みます。水が上から下に流れ落ちるイメージから、この名前が付いています。

一方、アジャイル開発手法は、機能単位ごとに「計画→設計→実装→テスト」のサイクルを繰り返す開発手法です。

家の建築を例にとると、リビングや寝室、客室、洗面所など、それぞれの広さやドアの規格、収納占有率といった家全体の要件を整合させながら確定させ、次の工程に進む方法がウォーターフォール開発手法で、リビングや寝室、客室、洗面所などを個別に仮組みし、それぞれをバラバラに設計、評価または居住しながら増改築を繰り返すのがアジャイル開発手法です。

図3-1　ウォーターフォール開発手法とアジャイル開発手法

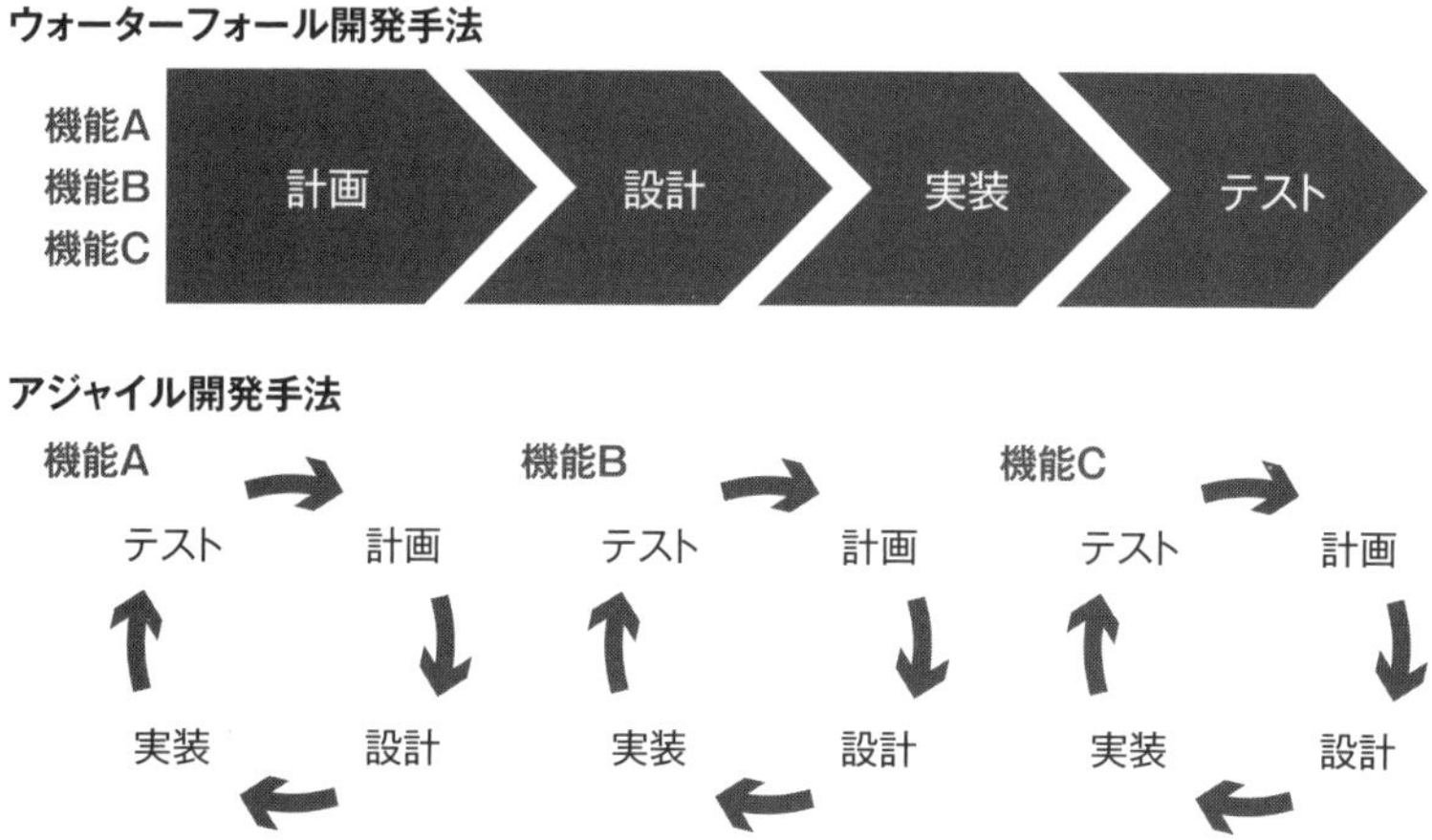


それぞれにメリットとデメリットがありますが、企業向け基幹システムの新規導入プロジェクトにおいては、ウォーターフォール開発手法を採用するべきだと私は考えます。

自社の社内開発、あるいはシステム開発の実施企業（ユーザー）とベンダーとの関係性によっては、アジャイル開発手法を採用することももちろん可能ですが、その場合、一般的な実施企業において、プロジェクト開始前にプロジェクト費用や開発期間を試算する必要があります。

そのためには、「〇月〇日までに業務要件を提示する」「〇月〇日までに設計書レビューを終える」といった前提条件を設定しなければなりません。

そして、これらの前提条件を設定するためには、フェーズや工程の区切りで進捗想定を定量化する必要があり、結果、ウォーターフォール開発手法を採用せざるを得なくなります。


システムの品質面においても、アジャイル開発手法では、評価時に個別最適にとらわれる傾向があります。個々の機能の評価のみが先行し、機能やアプリ間の整合性や全体最適の視点が欠落しがちです。

また、実施企業が評価を行う場合、設計の仕様にまで指示を出すことになりますが、そこには設計思想が存在しません。つまり、表面上の不具合や見た目に左右され、見えない「処理のパフォーマンス劣化」や「システム機能間の不整合」が発生しやすいのです。


こうしたことから、関係する業務担当者が多く、システムの範囲や規模が比較的大きなシステム開発プロジェクトにおいては、ウォーターフォール開発手法を採用するべきだと考えます。

ただし、全体としてはウォーターフォール開発手法を実施しながらも、個々のタスクの中にアジャイル開発手法を取り入れることは可能であり、有効な進め方の1つだと言えます。これについては、のちほど詳しく述べます。
アジャイル開発手法は、個々の機能やアプリが独立している場合や、比較的少人数による小型システム開発プロジェクトの場合などに向いている開発手法だと理解しておくとよいでしょう。

## 「プロジェクト観点」と「契約観点」を意識する

第1章でも述べた通り、システム開発プロジェクトのフェーズは、次のような流れが一般的です。

フェーズ1　現状分析
フェーズ2　要件定義
フェーズ3　システム設計
フェーズ4　システム開発（製造）

フェーズ5　統合／総合テスト
フェーズ6　ユーザーテスト
フェーズ7　データ移行
フェーズ8　本稼働

大まかにフェーズ分けを行ったら、「大日程の工程表（マスタスケジュール）」を作成し、次に「中日程スケジュール」、さらに「最小単位の小日程スケジュール（WBS：Work Breakdown Structure）」を作成していきます。その際、大日程、中日程、小日程の各作業項目が、すべて関連づけされていることが望ましいと言えます。

たとえば、要件定義フェーズの作業項目として、大日程では「要件定義」、中日程では要件定義の中に「マスタ項目定義」「業務別要件定義」などがあり、さらに、業務別要件定義をより詳細化した「財務会計要件定義」「管理会計要件定義」などが示されているといったイメージです。

ウォーターフォール開発手法を採用した場合は、そのフェーズが終了したことを確認した後に、次のフェーズに移ります。そのためには、あらかじめフェーズ終了の基準（クラ

図3-2　スケジュールの作成

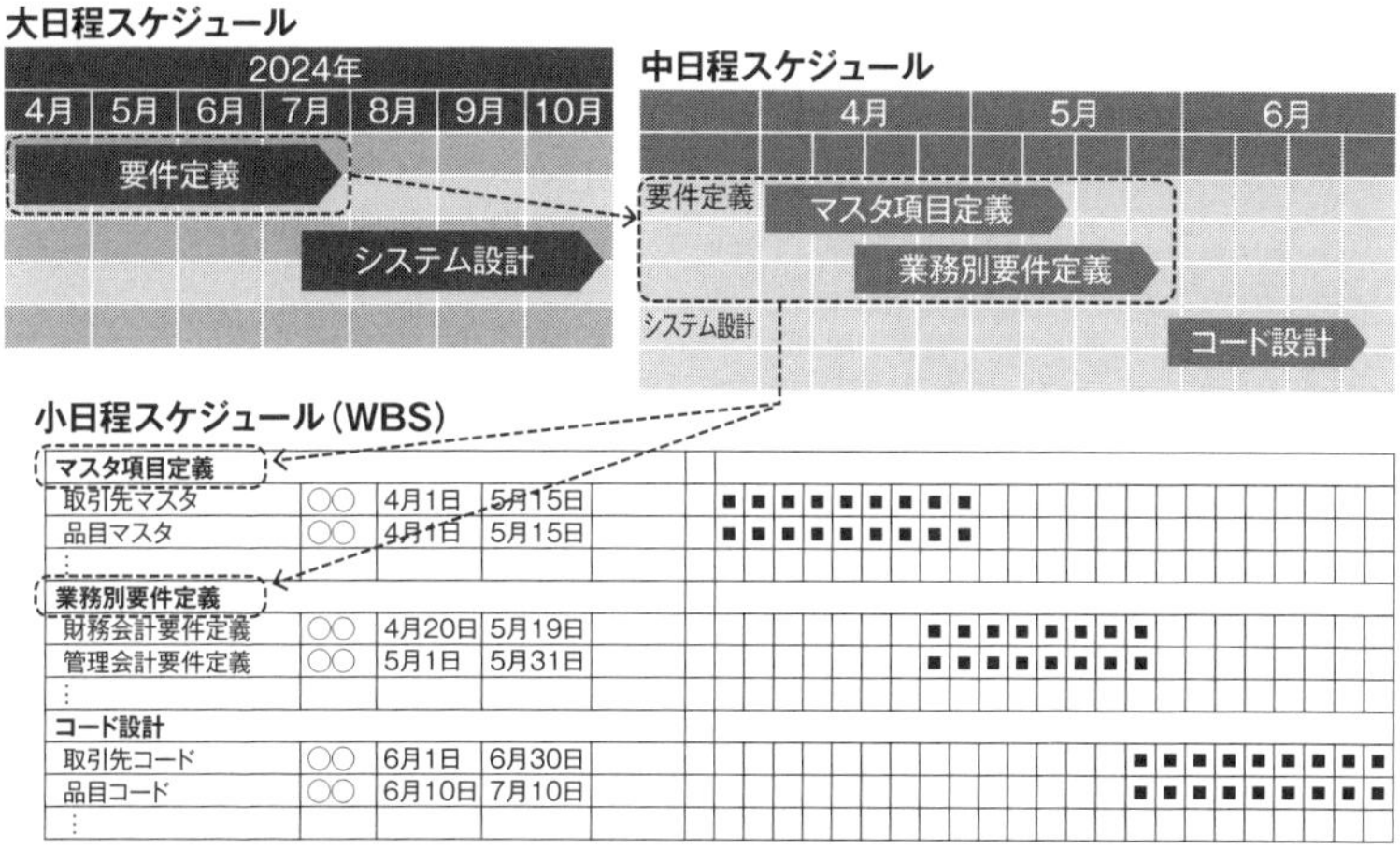


イテリア）を設け、その基準を満たしているかを都度、測定する必要があります（プロジェクト進捗の測定）。もし満たしていない場合には、基準に対してどれほどのギャップがあるのかを測定し、ギャップの程度によって、その後のフェーズの進め方を議論、検討します。

　また、フェーズ開始時点では未確定だった要素が明らかになった場合は、そのタイミングでそれ以後のフェーズの再見積りと別契約を行います（工程・工数の再精査）。

　実施企業側の観点としては、実施企業の会計処理で、どの作業を資産計上するべきか、費用計上するべきかを判断し、それらを区別する（契約を分ける）ことも必要です。

このように、システム開発プロジェクトのフェーズ分けを行うにあたっては、「プロジェクト観点」と「契約観点」の２つの視点が大切です。

## 想定されるリスクへの対処法

あらかじめ想定できるリスクに関しては、先に洗い出しておき、回避策を検討するなど、ある程度、準備をしておくことで、リスクを最小化させることが可能です。

具体的には、

①リスクの想定・特定　↓　②リスクの分析　↓　③リスク回避策・対策

の工程を繰り返し実施します。

たとえば、関連する部署が多く、システム開発の実施企業側の協力が十分に見込めないというリスクが想定される場合にベンダー側がすることは、実施企業のトップに協力を要請し、トップダウンで指示を出してもらうことが考えられます。プロジェクトを計画する段階で、実施企業とベンダーがプロジェクト方針について、しっかり合意しておけば、その後、実施企業の協力は得やすくなります。

プロジェクトメンバーが、システム開発期間中に途中離脱せざるを得ないリスクが想定される場合には、引き継ぎ時に問題が生じないよう成果作成物を確実に残しておくことが対策となります。また、メンバーが離脱した際に、すみやかに代替メンバーを補充できるよう、あらかじめ要員を選定、確保しておくことも大切です。

ほかにも、残置システムと新システムとでデータ連携が想定され、残置システム側のテスト環境がないといったことがわかっている場合には、計画の段階から、残置システムのテストができる環境をあらかじめ構築する、あるいはテスト方法の検討をタスクに含めておくことが回避策となります。

これらのリスク回避策を考案するためには、プロジェクト計画時点で想定し得るリスクにはどのようなものが考えられるか、話し合っておくことが不可欠です。そして、想定されるリスクとその回避策を、プロジェクト計画の方針として、あらかじめ打ち出しておくとよいでしょう。

## 要件定義はベンダー主導が望ましい

では次に、要件定義の進め方について述べていきましょう。

要件定義を行うために必要なスキルは大きく2つあります。

1つは、販売や購買、会計など、システム開発を実施する企業の業務内容についての知識や技法に関する「業務スキル」。もう1つが、システムを開発するために必要となる知識や技法に関する「システムスキル」です。

当然ですが、業務スキルについては、実施企業のほうが習得レベルが高く、システムスキルについては、ベンダーのほうが習得レベルが高いのが一般的です。


時々、ベンダー側はアドバイスやシステムのトレーニング講師という立場で、実施企業が主導する「ユーザー導入方式」を採るプロジェクトを見かけます。しかし、実施企業がプロジェクトを主導すると、システムスキルが低いがゆえに、システムへの理解が不足した状態で進めることになり、プロジェクトが失敗に終わってしまう遠因となります。

ただし、経費精算システムやeラーニングシステムなど、比較的領域の狭いシステムや自由度の少ないシステムでは、実施企業主導でのシステム導入が前提となっているものもあり、その場合はこの限りではありません。

一方で、ベンダー主導のプロジェクトであっても、ベンダー側が現行業務のヒアリングを十分に行わずシステム標準を押し付ける「プロトタイピング方式」では、深い業務要件の抽出および定義が行われず、本当に実施企業の業務運用が可能であるのかどうかの判断もできない状態で、要件定義が終わる可能性があります。この場合もプロジェクトが失敗に終わってしまう一因《いちいん》となり得るでしょう。

長年積み重ねてきた業務には、表面的に見えている部分だけでなく、その裏に重要な仕組みが隠れている場合があり、この裏の仕組みまでベンダーが理解できていると、より使い勝手の良いシステム開発が可能となるのです。

したがって、ベンダーが主導する形で、かつ実施企業の現行業務をベンダーがしっかりと理解する方法が一番望ましいと言えます。そのうえで、ベンダーは実施企業の業務内容をできるだけ深く理解することに力点を置くことが、システム開発の要件定義においては重要になるのです。

なお、実施企業においても早い段階からシステムスキルの習得に力を入れることができれば、より精度の高い要件定義が実施できるようになります（実際には、要件定義よりも後工程のトレーニングというタスクでスキル習得してもらうことがほとんどです）。

75ページの図3－3のように、業務スキル、システムスキルの習得レベルを3段階に分けて考えてみましょう。第1段階レベルについては実施企業とベンダーの両者が確実に理解しておくことが不可欠です。そして、ベンダーは現行業務のヒアリングを行い、業務スキルの第2段階レベルの半分まで理解しておくことが、プロジェクト成功への最低条件だと私は考えています。

反対に実施企業は、システムスキルの第2段階レベルの半分まで理解することができれば、より確実な要件定義ができるようになります。システムスキルの第2段階レベルとは、たとえば、裏側で登録している取引先コードが発注申請画面で呼び出されることや、設定した賃金テーブルが基本給登録の画面とつながっている、などといったことを理解するレベルです。

ただ実際には、実施企業が要件定義の段階でここまで理解するのは、なかなか難しいでしょう。ベンダーが業務スキルをある程度把握しておくことを最低条件としたうえで、あとは、お互いがより深く理解するほど、プロジェクトには有効に働きます。

ベンダー主導が望ましいとする背景には、日本では実施企業側に在籍するＩＴコンサルタントやＩＴ技術者が、全体の3割程度しかいないと言われている実情があります。このため、どうしてもベンダー側へ丸投げする形となってしまうのです。もちろん、ベンダーのサービスが良く、信頼できるからこそ外部委託したほうがよいという合理性もあったの

図3-3 業務スキルとシステムスキルの習得レベル

| 業務スキルとシステムスキル | 販売、購買、会計などのユーザー側業務における知識／スキルを**業務スキル**、システムにおける知識／スキルを**システムスキル**とします。また、その修得レベルを3段階に設定します。 |
| --- | --- |

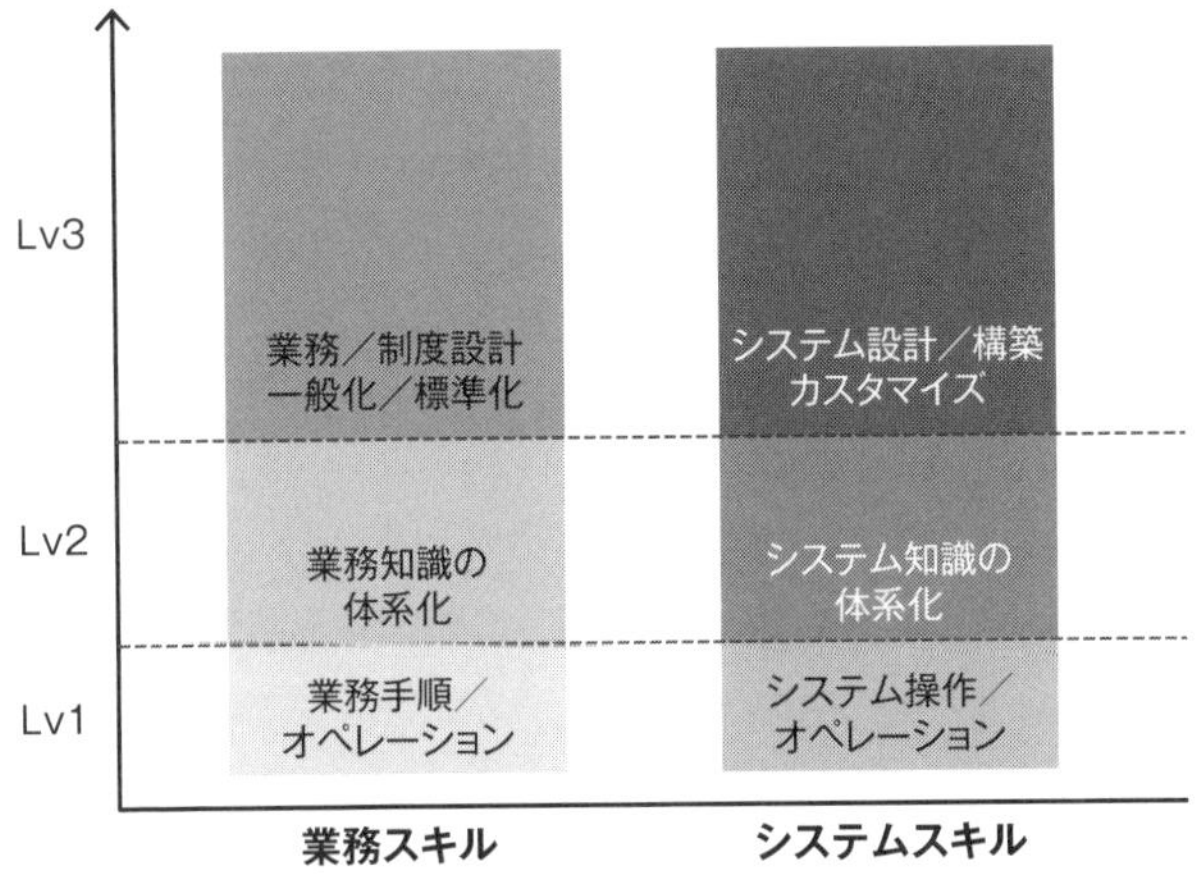


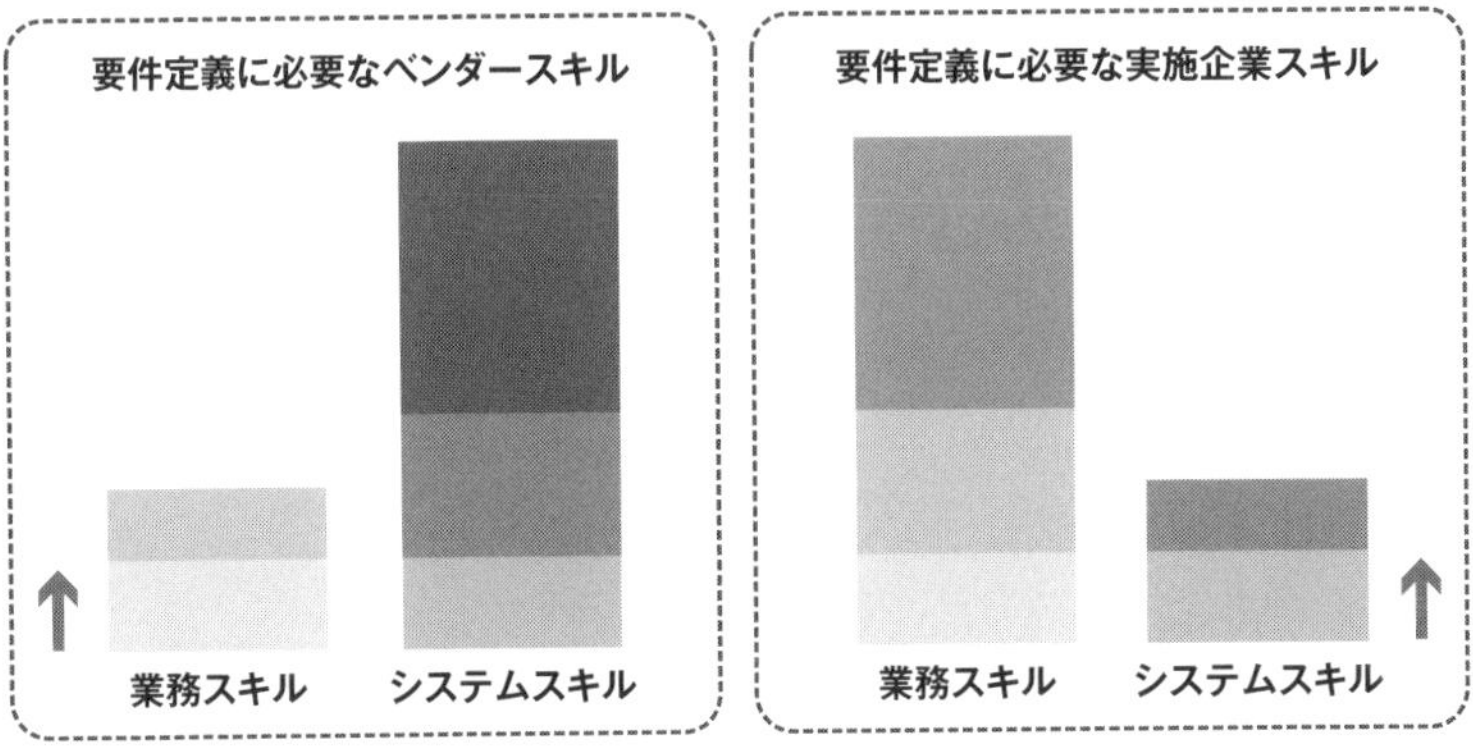

でしょう。

一方、アメリカでは、ＩＴコンサルタントやＩＴ技術者の７割が実施企業側に在籍すると言われています。システムの変更等も、ベンダーに頼らず自分たちで対応することも多く、アメリカで実施しているユーザー主導という方法論をそのまま日本で適用することが難しいのには、こういった前提の違いが根底にあります。

## お互いの専門用語に慣れる

ところで、本を読む際、その本が扱っているテーマに関して予備知識があると、比較的スラスラと理解でき、速く読み進めることができるのではないでしょうか。逆に、知らない言葉や専門用語が頻出する本は、理解がなかなか進まず、読み進めるスピードも遅くなり、最後まで読み終えることすら難しい、といったことが往々にして起こります。

これは業務の要件定義やシステム設計においても同様で、予備知識があるかないかで相手の業務に対する理解度は大きく変わります。

ベンダーが、予備知識がまったくない状態で実施企業の業務を理解しようとしても、表面的なことにとどまり、理解を深めるためには多くの時間が必要です。一方、ある程度の予備知識があれば、その業務の仕組みや適切な手段などを理解することが短時間でできるでしょう。これにより、より本質をついた業務要件定義も可能となります。

たとえば、実施企業の担当者が業務要件について次のように語ったとしましょう。

「国内の支払いの際には、源泉税を〇〇〇し、△△△をしなければなりません。一方、海外への支払いの場合には……」

支払処理や源泉税、国内と海外における送金手続きの違いなどについて、ある程度の知識がベンダーにある場合には、業務要件の背景や目的を理解でき、違う方法、より良い方法にまで考えが及ぶかもしれません。要件定義のミーティングにおいても、広く深い検討を進めることができるでしょう。

他方、予備知識がなく、「支払処理は通常、どのような手順でやっているのですか」「源泉税は何％で、どの段階で差し引くのですか」など、わからないことが多ければ多いほど、用語や話の内容を理解することに時間を要し、それだけで手一杯となってしまいます。

実施企業側もしかりです。システム開発を進めようと思ったならば、ある程度の予備知識を持って臨まなければ、たとえベンダーが有用な提案をしたとしても、本当にそれがよいのか、どういった点で既存システムより優れているのかなどということを、本質的に理解するには、多くの時間がかかってしまうでしょう。

つまり、実施企業であれば、「マスタデータ」「トランザクションデータ」など、一般的なシステム用語には慣れておく必要があり、ベンダーは、実施企業の事業特性や業務に関する専門用語を理解し、慣れておく必要があります。そのうえで、お互いに未知な用語が出てくれば、最初に聞いた段階で意味を確認し、できるだけ早く理解して、用語に慣れることも重要です。

使用される言葉に身体的に慣れていないと、話したことに対して、ただ脊髄反射するだけになりがちです。言葉には前後の文脈があり、裏があります。そのまた裏もあるかもしれません。

お互いが使用する言葉への理解が深まれば、相手の話も含みを持たせて膨らませて聞くことができるようになります。目の前の言葉の処理だけにとらわれず、話の内容についてはもちろん、話の裏側、隠された意図などについて思考する余裕も生まれてきます。相手の話を立体的に理解することができれば、業務に対する理解もさらに深まり、より建設的な議論を行うことが可能となるでしょう。それはお互いの信頼関係にもつながります。

そうやって、業務の要件定義の工程において、比較的多くの時間を実施企業とベンダーが共有し、相互理解に努めることがプロジェクト成功への重要な一歩となるのです。


なお、一つひとつの用語につまずいて思考が止まることがないよう、予備知識として浸透させておくためには、できるだけ多くの用語について、あらかじめ理解したら、反復学習をしておくことです。

このときに有効な手段となるのがアウトプットです。人に説明しようとすると、自身の理解も深まるように、初めて知った用語を自分の言葉で話したり、書いたりとアウトプットすることを繰り返していくうちに、自然とその用語の真の概念が理解できるようになります。

## 画面を見ながら検討してはいけないこと

要件定義を検討、議論する際には、実際のシステム画面を見ながら行ったほうが良いものと、逆に、見ずに行ったほうが良いものがあります。

「登録画面の操作性が良いか」「ファイルを一括登録することができるか」「出力帳票はエクセル（Excel）出力できるか」「リストの表示項目は十分か」といったユーザーインターフェースに関する操作性や運用可能性の検討、議論は、実際のシステム画面を見ながら行うほうが有効でしょう。

一方、マスタデータの管理方法や業務プロセスの検討については、机上における検討、議論のほうが有効です。

なぜなら、実際のシステム画面を見ながらこれらの検討を進めると、画面項目の表示位置などに気をとられてしまい、適切な管理方法や業務プロセスについての議論が十分に行えない恐れがあるからです。

システム開発だからと言って、必ずしも画面に映されるものばかりが良いわけではない場合があることは知っておきましょう。

## 追加開発のコントロール法

次に、システムの品質を保ちながら、設計・開発を進めていく手法について説明していきます。

システム設計を進めていくと、追加で新たに開発したほうがよいかもしれない項目や機能が見つかることがあります。そうした場合には、次の4点に注意しながら対策を検討していくことが重要です。

## 1 課題の本質を特定する

システム開発の実施企業側が発する「○○したい」「○○できない」といった要望は、通常、それがそのまま業務要件となるわけではありません。それをもとに、ベンダーは実施企業の業務要件の真の理由や背景まで考え、整理し、課題の本質を特定します。

たとえば、「レポート（データ出力）機能がほしい」という発言があったとして、そのレポートの目的が誤入力をチェックする業務の場合、新システムでそもそも入力チェック機能が装備されているのであれば、チェック業務自体が不要となります。したがってレポート機能も不要となります。

また、1つの業務課題に対して、局所的な対処方法だけでなく、大局的な対処方法の2つの側面から考えることも大切です。根本的な課題を解決しなければ、応急処置的な追加開発（アドオン）が際限なく増え続けることになるからです。

## ２ システムに合わせるのではなく、標準業務プロセスに合わせる

実施企業の業務要件や業務プロセスと、それに対応するシステム仕様とを比べて適合分析を行うことに意味はありません。比べるべきは、実施企業の業務要件や業務プロセスと、システムの標準仕様から導き出される標準的な業務要件や業務プロセスです。

この２つを比べることで、双方の業務要件や業務プロセスのうち、より合理的なほうを選択することができます。「仕方なくシステムに合わせる」といった納得感のない判断を避けられるのです。

## ３ 追加開発の効果を示し、必要な開発を厳選する

追加開発を実施する前に、追加開発の重要度を検討するのに加えて、その効果についても明確にしておくことが必要です。

その追加開発が「適所最適」なのか、「全体最適」なのか、業務効率化なのか、社員向けサービス向上なのか、代替案はないのかなど、それを行うことで得られる効果を明確にし、その効果をポイントや評点などで視覚化するようにします。

こうした一定の定量的基準に則って追加開発を検討することで、追加開発を行うかどう

かの判定の透明性が高まり、実施企業側とベンダーの間で合意を得やすくなります。

### ④ 仕様決定により、際限のない要求を制限する

プロジェクトのある時期に「仕様決定（デザインフリーズ：仕様凍結）」期を設け、それ以後の仕様変更については「変更管理プロセス」に則り処理します。これにより、あれもこれもといった過度な仕様変更を抑制することができ、システムの品質をきちんと担保することができます。その運用方法については次の項目で述べます。

## 仕様決定後の変更管理ルールを決めておく

確定した業務要件（業務要件定義書、パラメータ設定書）およびシステム仕様（システム機能別の設計書）に対して、仕様凍結（デザインフリーズ）を行い、それ以降の変更要求については、しかるべき変更管理ルールをあらかじめ決めておき、それに則って実施可否を判定したうえで変更を実施します。ここでの実施可否判定の基準について、前もって定義しておくことで、要求を出した各部署の納得も得られるでしょう。

図3-4　変更管理表

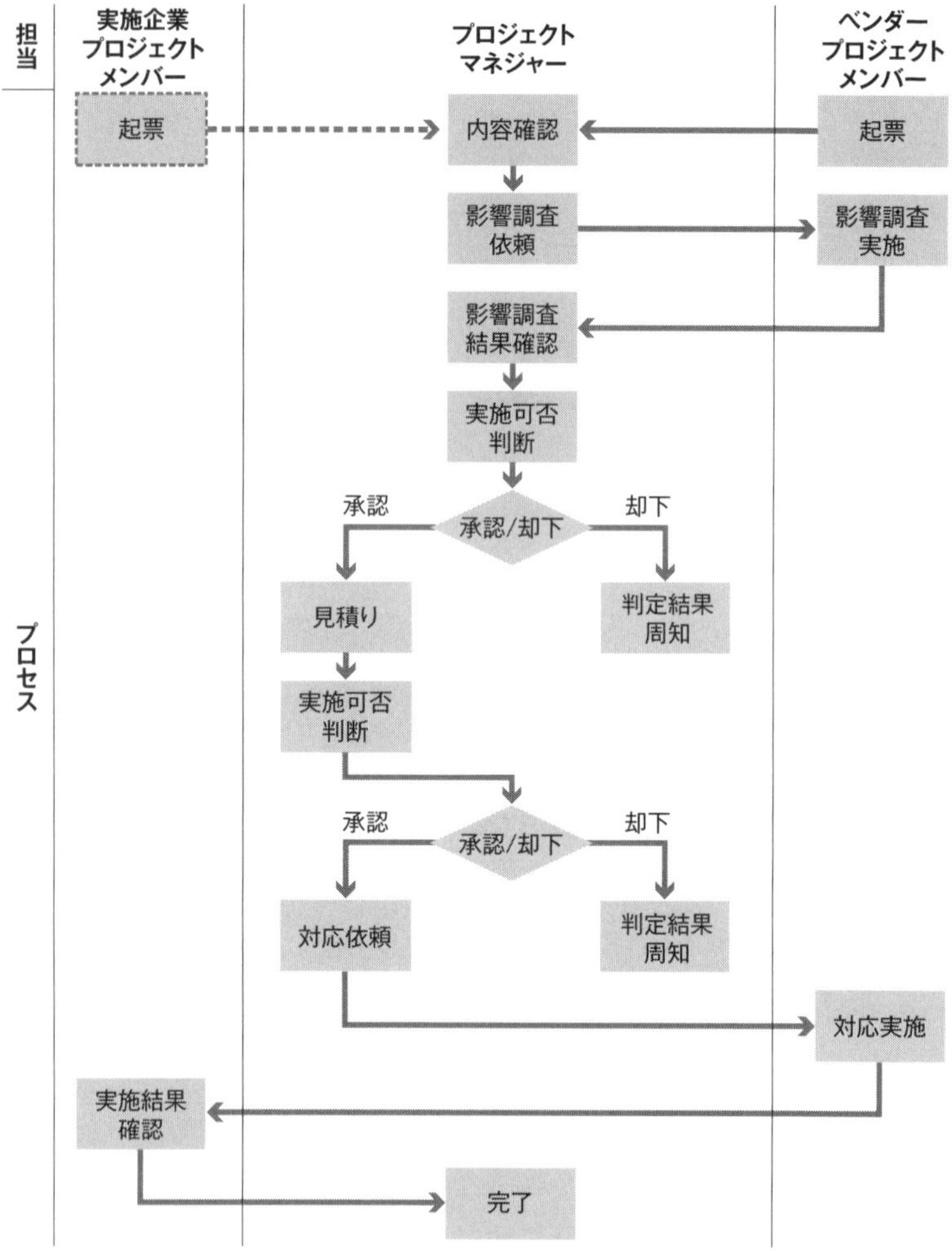
担当
実施企業プロジェクトメンバー
プロジェクトマネジャー
ベンダープロジェクトメンバー
プロセス
起票
内容確認
起票
影響調査依頼
影響調査実施
影響調査結果確認
実施可否判断
承認
承認/却下
却下
見積り
判定結果周知
実施可否判断
承認
承認/却下
却下
対応依頼
判定結果周知
対応実施
実施結果確認
完了

たとえば、①法的要件や制度上必須なもの、②代替案がなく致命的な効率低下が見込まれるもの、③あれば便利なもの、などといった形で要求を分類し、変更の規模とシステム稼働までのスケジュールとのバランスを考慮しながら総合的に判定していきます。

変更要求は、変更管理表を使用して一覧形式で管理します。各変更要求が検討中なのか、取り下げられたのか、変更に着手したのか、といったステータスも、表によって、プロジェクト期間中ずっと管理していきます。

## 各種テスト検証の進め方

システムの品質を保つためには、テストを実施し、チェックしていきます。テストは大きく4つあります。

「単体テスト」は、各モジュールが正しく機能することを検証するテストです。

「結合テスト」は、個別システム内の各機能間や、システム間のインターフェースにおいてデータ連携が正しく機能することを検証するテストです。

「統合テスト」は、業務要件および移行要件通りにシステムが機能することを検証するテストです。新システム切り替え後、業務の遂行に問題がないことを確認します。

図3-5　各テストの適用範囲

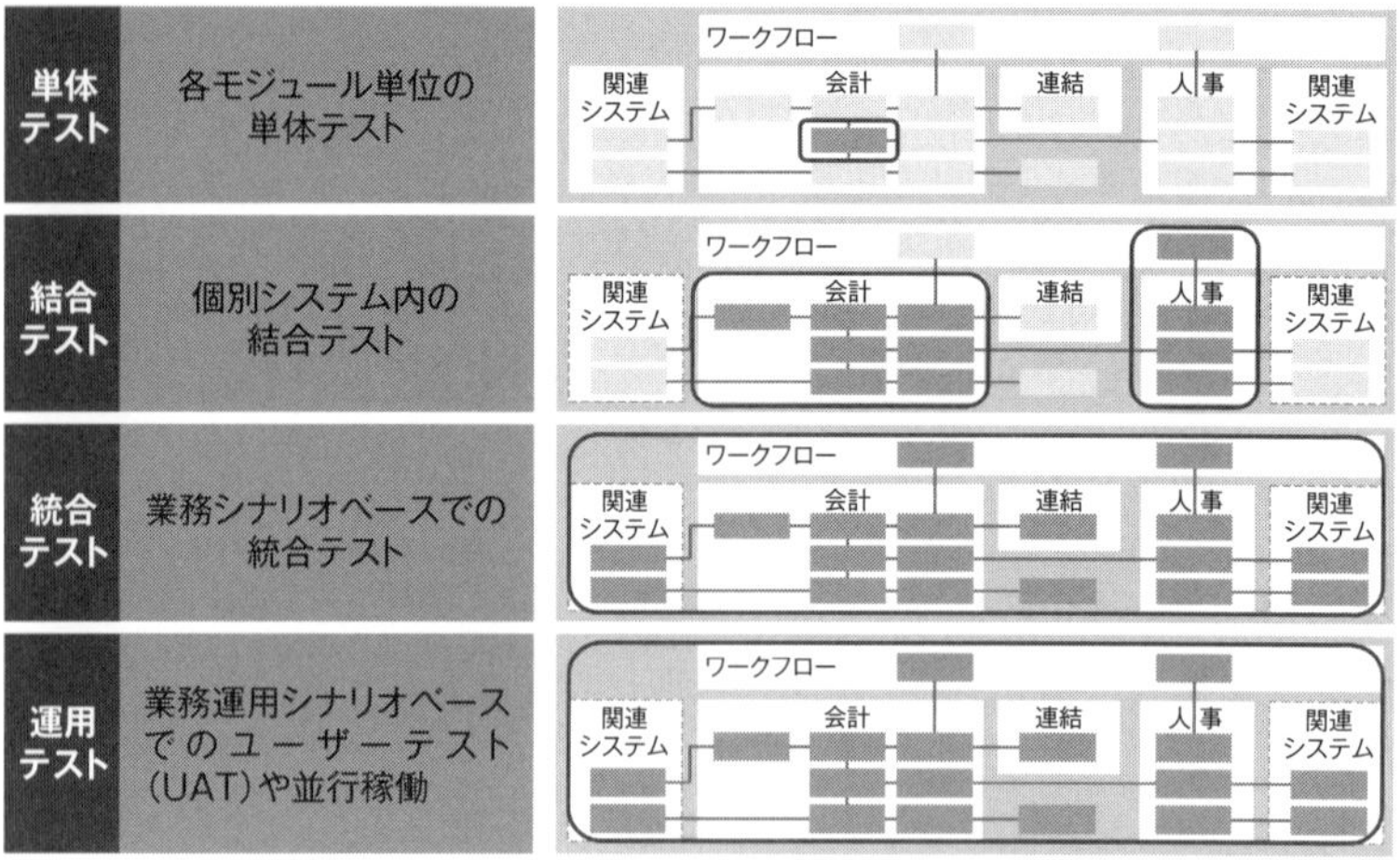


インフラ面においては、バックアップリストアテストや、パフォーマンス／負荷テスト、ジョブ処理等のテストを行います。「運用テスト」は、稼働本番を想定した業務を実施し、業務の遂行に問題がないことを確認します。また、統合テストで完了しなかった障害に対する検証も行います。

このとき、場合によっては現行システムと新システムを並行稼働させ、現状の稼働と同等に正しく動作することも確認します。

最後に、システム切り替え直後だけに発生する暫定作業（新旧システムの二重入力等）など、実施企業の各担当者が問題なく業務の切り替えを遂行できることを確認します。

このように、段階的にテスト検証を実施していくことで手戻りの発生を防ぐことができるのです。

統合テストまではベンダーが主導して行いますが、最後の運用テストはユーザーテスト（UAT）とも呼ばれ、実施企業側の主導で行います。

各テストは、テストの品質を高く保つために、次のようなプロセスで運営されます。

## 1 テスト計画

まず、テスト全体の指針や概要をまとめます。テストの目的、対象範囲、実施方法、テスト体制、テスト環境、スケジュール、合格基準など、テスト全般に関わる方針を「テスト計画書」にまとめ、実施企業も含めたプロジェクトメンバー全員でその方向性を共有します。

## 2 テスト設計

策定されたテスト計画書に基づいて、実際のテスト作業内容を設計します。テストのシナリオやテスト内容、確認すべき項目などを「テスト仕様書」で具体的に定義します。その際、機能ごとのステップ数などに応じて、クリアすべきテスト項目数も定義します。

### 3 テスト実施

テスト仕様書に基づいてテストを実施します。課題や障害を発見した際は、「課題・障害管理票」に起票して管理します。それらが解決した後、テストが正常に行われた場合は、「テスト報告書」で報告します。

### 4 テスト管理

テストの消化率を管理し、課題・障害の発生状況に応じて、対応策を検討します。課題の内容やレベルの分類・分析を行い、適宜対応していきます。

## システム開発手法「V字モデル」

各設計工程に対応するテストでは、原則、設計工程の担当者がテストも担当することが求められます。システムが本来の目的を実現できているか、その成否を判断できるのは、要件定義やシステム設計を行った当事者だけだからです。

図3-6　V字モデル

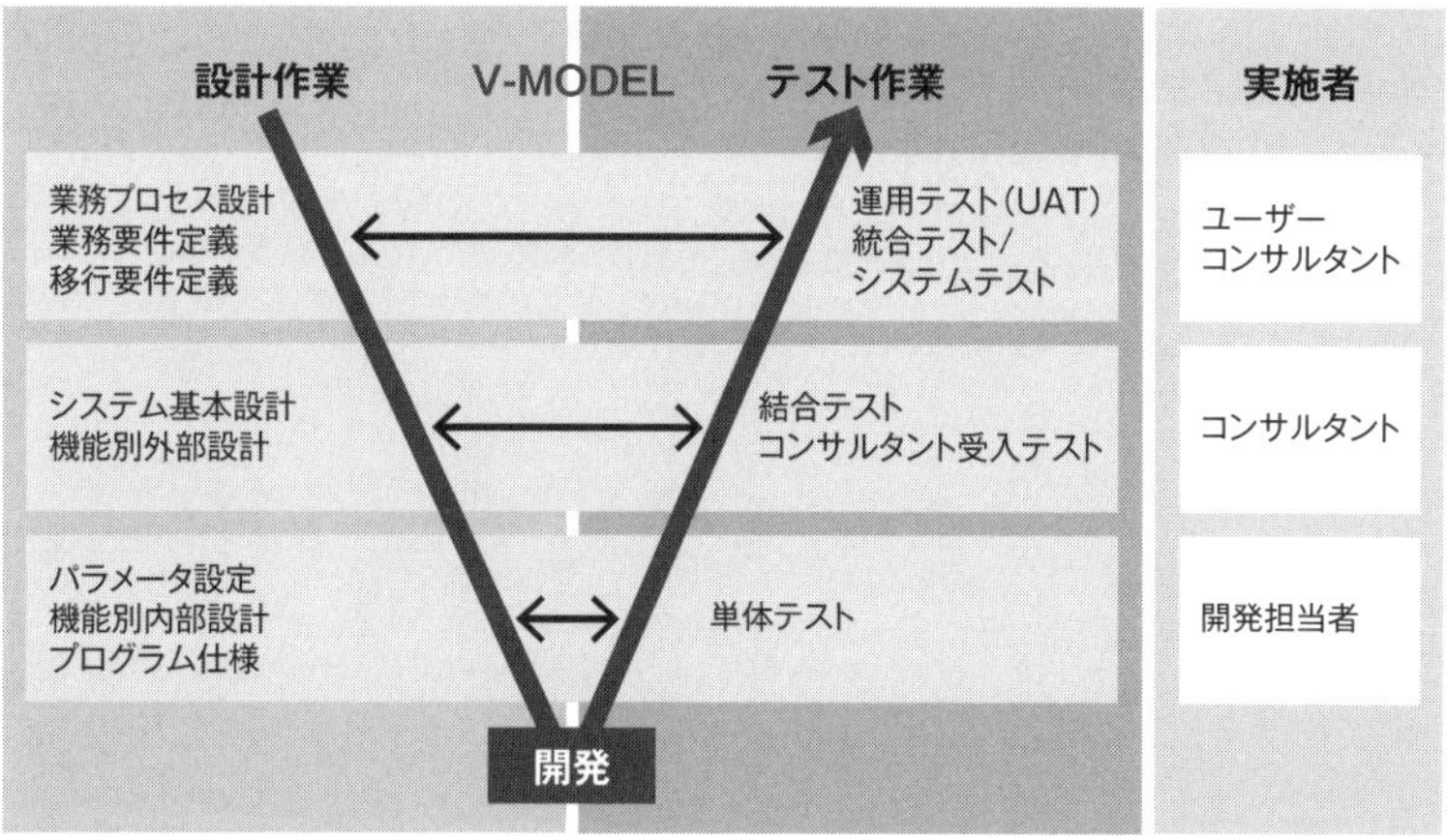


したがって、最初に業務プロセス設計や業務要件定義を行った担当者が、統合テストや最後の運用テストを担当し、システム基本設計や機能別外部設計を行った担当者は、結合テストを担当し、各モジュールのパラメータ設定や機能別内部設計を行った担当者が単体テストを担当します。

このように設計段階から実際のシステム開発・製造を経て順にテストを行うプロセスが、「V」の字になることから、こうしたシステムの開発方法論を「V字モデル」と呼びます。

V字モデルを採用することにより、仕様確定の経緯や目的を把握している設計工程の担当者と同一人物がテストを実施することになり、システムの成否について正しい判断ができるようになるのです。

## 品質の定量化は、やり過ぎに注意

システム開発において、開発物の品質担保を表す際、その信頼性は、一般的に「信頼度成長曲線（ゴンペルツ曲線）」と呼ばれる緩いS字になると言われています。

図3－7のように、テスト項目消化件数が増えれば増えるほど、バグの累積件数も増えますが、単純な右肩上がりの直線にはならず、急激に増加した後は、なだらかにしか増えません。このため、ある一定の品質（図の点線枠内）まで到達した時点でテストを終了します。

テスト開始時は、単純なケースが多く、テスト速度も遅いため、バグや不具合もそれほど検出されませんが、テストが進むにつれて、徐々に検出速度が上がり、検出されるバグの数も増えていきます。そして、中央の変曲点を超えると、検出ペースが落ちてくるのです。

プロジェクトによっては、「テスト密度（テストケース数÷プログラムのステップ数や開発

**図3-7　信頼度成長曲線（ゴンペルツ曲線）**

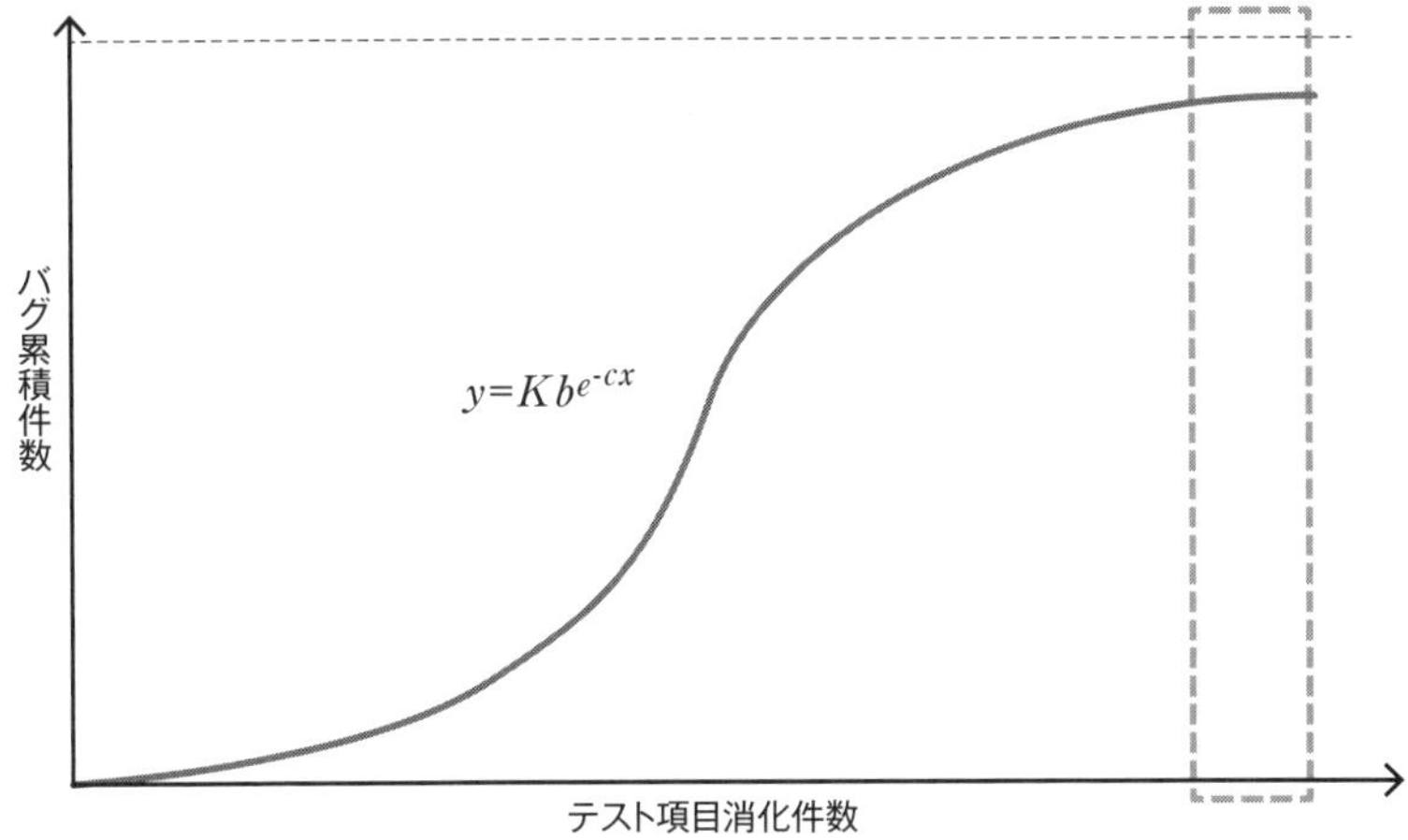


規模）」を測定し、目標値の達成が義務づけられることがあります。

しかし、テストケースをどのような項目として列挙するかは開発者次第であり、1つのテストケースでさまざまな観点での確認を行う場合もあれば、その逆もあります。テスト密度の目標値を達成するために、テストケースを多く列挙すれば、確かに達成はできるかもしれませんが、それに何の意味があるのでしょうか。

テスト密度やバグ率などを定量化することは一定の目安となり、システムの品質向上につながりますが、それらの数値目標の達成自体が目的化されるのでは本末転倒です。

こうした品質の定量化は、あくまで1つ

の手法であり、適宜、必要に応じて採用する程度に留めるべきだというのが私の考えです。

## プロジェクトの全工程で品質を意識する

システムの品質を決める要素は、入念なテストを行うことだけではありません。前述した追加開発のコントロールもシステム全体の品質を保つうえで重要な要素となります。

また、設計仕様の時点で回避できる潜在的な不具合も多く、特にシステム構成が多岐にわたる場合は、ある領域でのシステム仕様と、別の領域でのシステム仕様に矛盾が生じていることがあります。その場合、システム全体のデータの流れに支障をきたすことになります。そうしたことがテスト工程で発覚すれば、再度システムを構築することになり、予定していたスケジュールでは到底終えることができなくなります。

ですから、テスト工程よりも前の各工程で横のつながりをチェックするなどして、潰しておくべき潜在的な不具合は、その工程内でしっかりと潰しておく必要があるのです。

これらを徹底するためには、プロジェクトのどの工程においても、常にシステムの品質を意識することが重要です。

なお、マスタ管理については全チームに関わることなので、全チームがチェックを行うのが望ましいと考えます。

## 移行を確実かつスムーズに行う

さて、要件定義に沿った開発ができて、テストもクリアしたら、いよいよシステムの移行作業です。システム開発において、移行は大変重要な作業であるため、ここでは「データ移行」「業務移行」「システム移行」に分けて解説します。

### 1 データ移行

データ移行とは、新機能の使用開始までに、必要とされるマスタおよびトランザクションデータを本番機に投入することです。

主なタスクとしては、「移行対象データ選定」「移行元システム選定」「移行データ抽出・作成担当決定」「移行データ作成」「移行データクレンジング」「移行リハーサル」「本番データ投入」などがあります。

## 2 業務移行

業務移行とは、新機能に対応した業務へと、確実かつスムーズに切り替えることです。業務移行やシステム移行にともなって発生する、暫定的な業務対応を実施することも含みます。

主なタスクとしては、「本番運用の役割分担の整理」「業務マニュアル整備」「社内担当者への連絡通知」「社内担当者へのトレーニング」「新業務実施タイミング検討」「暫定業務の明確化」などがあります。

## 3 システム移行

システム移行とは、システム開発、またはシステム改修を行った機能、およびパラメータ設定や権限設定などのシステム設定を、本稼働が可能な状態にすることです。

主なタスクとしては、「インターフェース接続」「プログラム移送およびデプロイ管理」「プログラム移送およびデプロイ実施」「パラメータ設定（本番機）」「自動ジョブ設定」などがあります。

これらの各移行について、開発／製造フェーズ後に移行作業を計画・開始するプロジェクトを見かけることがありますが、私は、要件定義フェーズの段階で移行要件定義を行うことをお勧めします。移行対象のデータ範囲の特定や、システム切り替え前後の運用方法などを定義し、移行方針として整理しておくといいでしょう。

というのも、移行するデータの範囲によっては、過去データ参照のために、残置させるシステムで何らかの開発が必要となるケースもあるからです。できるだけプロジェクトの早い段階で、新旧両方のシステムで開発すべきプログラムを明らかにしておくべきです。また、システム切り替え後の最初の年次処理などは、新旧両方のシステムを活用せざるを得ない業務が発生することもあります。

移行要件定義のあと、具体的な移行作業の手順を設計・作成し、しっかりと検証を行ったうえで、実際の業務運用やシステムの切り替え作業を実施します。

## 各工程において管理を確実かつスムーズに行う

本章の最後に、各工程における管理方法についても触れておきます。これらの管理は、すべてプロジェクトマネジャーが行っていきます。

## 1 課題管理

プロジェクト遂行課題と業務課題の両方を管理することです。

プロジェクト遂行課題とは、納期、コスト、範囲（スコープ）、品質など、プロジェクト目標にマイナスの影響を与える、解決すべき事象や状態です。

業務課題とは、システム開発の実施企業の業務運用にともなう課題であり、その課題によってプロジェクトの進行に影響を与える事象です。

課題管理表を作成し、プロジェクト進行中に発生した課題を、発生から対応まで一貫して管理し、プロジェクトにとって最適なタイミング、方法で課題の解決をはかります。

## 2 ToDo管理

プロジェクトを進行するうえで、作業の遅延を防止するために、ToDo（やること）を常に管理します。ToDoは、作業内容と担当者が明確であり、WBS（小日程スケジュール）には記載しない種類やレベルの作業を指します。

### 3 障害管理

確定仕様と異なる結果が発生した場合、それをシステム障害として取り扱います。発生した障害の記録には、「障害管理表」を使用します。障害管理は、通常、単体テストでは運用せず、結合テストから運用をスタートさせます。単体テストでの障害率（バグ率）については、適宜、個別に管理していきます。

なお、システム仕様が曖昧な機能、たとえば支払業務が上手くいかないという事象はわかっているが、マスタデータの項目でそれを回避するのか、それとも支払申請画面で何か制御すべきなのかといった、それを解決するためのシステム仕様が未定なもの等については、課題管理として扱います。

## 「形式知」を理解したうえで「暗黙知」が成否を分ける

これまで述べてきた形式知については、多くのシステム開発プロジェクトで当然のごとく実践されていることだと思います。課題管理や障害管理などは、システムに限らず、どのプロジェクトでも実施されていることでしょう。

では、これら形式知を確実にこなしたうえで、成功するプロジェクトとそうでないプロジェクトでは何が異なるのでしょうか。

その鍵となるのが、次章で述べる「暗黙知」であると、私は考えます。言語化している時点で、暗黙知ではなくなっていますが、説明の都合上、暗黙知として分類し、解説していきます。厳密に言えば、暗黙知の一例ということになるでしょう。

重要なことは、各プロジェクトにおいて、問題や課題を解決し、成功へと導くための暗黙知が新たに形成されることなのです。

# 第4章

# プロジェクト成功への「暗黙知」

# 直観や実感なくして実践はできない

本章では、プロジェクト成功において最も重要なファクターである、「暗黙知」について述べていきます。暗黙知とは、システム開発のプロジェクトに対する態度や姿勢などといった、言葉では表しにくい概念的な部分を指します。

図4－1は、本書で提唱する「プロジェクト強靭化理論」の全体像です。これを見ていただくと、暗黙知による組織的知識創造が、プロジェクト成功の肝であることがわかると思います。

そして、組織的知識創造を促進するための要件は、「マネジャーの態度（組織作り）」と「メンバーの態度（個人の自律性・主体性）」の2つに分けられます。形式知と暗黙知をベースとしながら、これら組織的知識創造の促進要件を満たすことで、プロジェクト内知識創造が起こり、そのプロジェクトは成功へと導かれるのです。まずは、この全体像をあらかじめ頭に入れておいてください。

それでは本題に入りましょう。

図4-1　プロジェクト強靭化理論イメージ

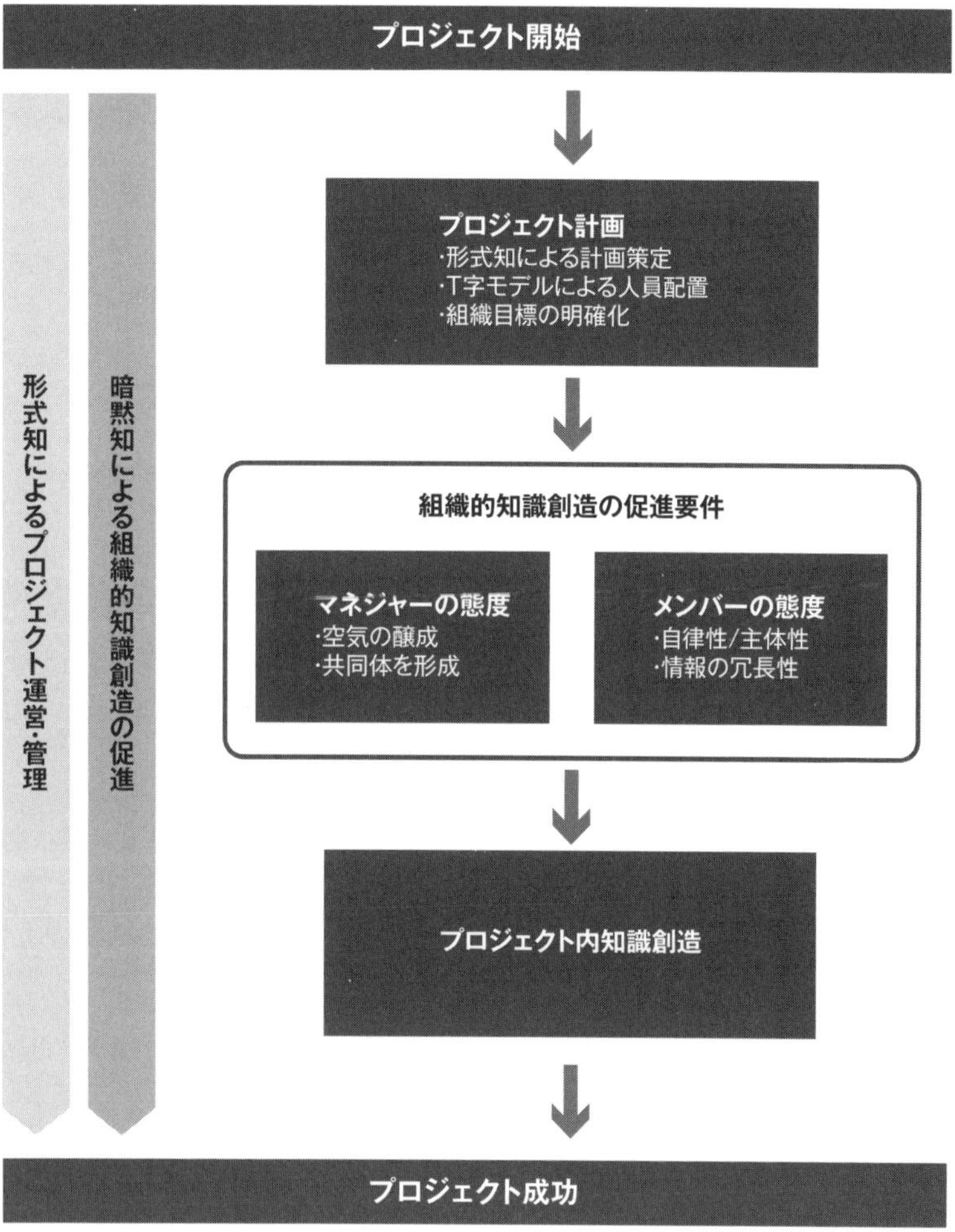

繰り返しになりますが、近年、プロジェクトマネジメントにおいて、プロジェクト内のPDCAのうち、P（計画）とC（チェック・評価）ばかりを偏重することが、プロジェクトの失敗を招いているのではないかというのが私の考えです。

では、D（実行）とA（改善）を重視したマネジメントとは、いったいどのようなものでしょうか。それは、プロジェクトのゴールへ向けての「組織的知識創造プロセス」に主眼を置くことだと考えます。

具体的には、課題や問題に対して、「○○してみたらどうかな？」「いや、それだと△△が上手くいかなくなる」「それでは、□□でやってみるのは？」「うーん、それも……」「そもそも、この課題の本質って……？」などと、解決案を創造する活動自体を促進するマネジメントのことです。

そして、この組織的知識創造プロセスのサイクルを回すためには、その促進要件となる「暗黙知」が必要不可欠なのです。

それでは、この暗黙知と前章で述べた形式知をどのような態度で受け止め、どのような姿勢で習得していくのかについて説明します。

ドイツの哲学者カール・レーヴィットは、戦前の日本の知識人を分析し、次のように述べました。

「彼らは1階では質素で雑多な生活をする一方、2階ではプラトンからハイデガーまで、幅広く知識を得ている。ただ、それらをつなぐ階段やはしごが存在しない」

当時の日本の知識人たちは、高尚な知識を学んではいても、それらが実生活とは結びついておらず、活用できていないことをレーヴィットは指摘しました。

現代に生きる私たちも、1階において、プログラミングや設計書の記述、要件定義の打ち合わせなど、日々の作業や仕事を行っています。一方、2階では、プログラミング手法やテスト方法論、プロジェクトマネジメント手法など、さまざまなフレームワークや抽象概念的な知識などを得ることができています。しかし、戦前の日本の知識人同様、1階と2階をつなぐ階段やはしごが存在していないのかもしれません。

つまり、日々の経験から生まれる疑問や違和感、実感をきっかけに、「それはなぜか」「どうすれば解決できるのか」といったことを知るために、数多《あまた》ある「知」へアクセスし、理解、納得することが重要なのですが、それができていないプロジェクトが多いのです。

フレームワークや方法論などを知識としてのみ学んでも、真の意味で活用できるようにはなりません。まず、自分の直観（直感）や実感に耳を傾け、それから階段やはしごをのぼり、フレームワークや方法論といった知識を獲得する。それによって、生きた「形式知」と「暗黙知」を習得することができ、それらをプロジェクトで実践することができるようになると、私は考えています。

直観の重要性について、イノベーション理論を確立した経済学者ヨーゼフ・シュンペーターは、「企業活動においては、為すべきことが決まっていない段階で行動を起こさなければならない。成功は直観にかかっている。直観とはすなわち、そのときはわかっていなくても、事後的に正しいと判明することを見通す能力のことである。つまり、原理を説明できないにもかかわらず、本質的事実をつかみ取り、本質でないものを捨て去る能力のことである」と述べています。

では、その直観とはどのように身に付けていけば良いのでしょうか。世界的な天才数学者である岡潔《おかきよし》は『春宵十話』（光文社文庫）において、善行（少しも打算を伴わない行為）を繰り返すことで直観が鍛えられると述べています。つまり、自身の出世や保身などの私利私欲を排し、プロジェクト成功のため、良いシステムを構築するため、といった純粋であり高尚な目的を追い求める実践を通して、直観が鍛えられ研ぎ澄まされていくということです。確かに、打算的な行為とはその人の計算可能な範囲であり、そのようなことを繰り返していたら、何事も事前に本質をつかみ取ることなどできはしないでしょう。

このように、形式知と暗黙知を理解、習得するためには、実践を通じて直観に耳を傾けつつ、それらの知識へアクセスすることが前提となります。それにより身体性のある形式知や暗黙知を獲得することができるのです。

## 「成功イメージ」の共有が成功確率を上げる

さて、「組織的知識創造プロセス」の促進要件を満たすうえで、最も重要な要素の1つが「組織の意図」です。組織の意図を確固たるものとするためには、単にプロジェクトの目標を計画書に設定するだけではなく、その目標を共有し、各メンバーの活動すべてに浸透させる必要があります。

人が何かを判断し、行動するためには、前提として何かを信じる必要があります。

たとえば、「プロジェクトは成功する」と信じている人は、目の前の問題を解決するために、さまざまな情報を入手し、多くの新たな気づきを得ます。そうすることによって、素晴らしい解決策（知識）を創造することができるようになります。

逆に、「プロジェクトは失敗する」と思っている人や、プロジェクトそのものに反対している人は、恐ろしいほどのクリエイティブさを発揮して、プロジェクトが成功しない理由をこれでもかと挙げ続けます。結局、失敗を招き入れる人は、失敗を願う人なのです。

したがって、プロジェクト成功のためには、いかに「このプロジェクトは成功する」と多くの人に信じてもらえるかが大事になります。

言い換えれば、プロジェクト成功に向けての組織的知識創造を促進するには、「成功イメージ」をプロジェクトメンバー全員が共有することが重要なのです。

ただし、ここで注意すべきは、成功イメージとはプロジェクトがすでに成功している「ゴール到達の姿」ではないということです。プロジェクトが成功することを大前提として、現在からゴール達成までのプロセスごとに、自分たちの組織やチームがどのように活動しているのかをイメージします。つまり、プロジェクトが成功するまでの自分たちの組織やチームが進んでいくべき「成功物語」を描き、それを共有するのです。一般的には、この「成功物語」は「ビジョン」という言葉に置き換えて使われます。

○○担当や△△担当が、しっかりと自分の役割を果たしていく物語。メンバーが課題や問題に対して知識創造を行い、解決へ向けて努力していく物語。これらの物語を描くのは、それほど難しいことではないでしょう。

また、これは後述するプロジェクトチームを「共同体」として機能させるための条件にもなります。このプロジェクトチームを「共同体」ととらえる態度こそ、組織の意図をメンバーへ浸透させるうえで重要な暗黙知となります。

命題「私たちのプロジェクトは成功する」を、プロジェクトメンバーが絶対的なものとして把握し、共有することで、プロジェクト成功の「空気」を醸成することができます。命題とは、ある種の信仰であり、あらゆる判断の基準となります。これにより、「契約履行だけを粛々と行えばいい」「自分たちが損をしなければいい」などといった考えを排除することができるのです。

## プロジェクトチームは「共同体」である

システム開発の実施企業とベンダーの関係は、上下関係ではありません。業務委託契約や雇用契約など、各種契約によって関係が成立していますが、契約関係のみで成り立っているわけでもないでしょう。

欧米系のコンサルティング会社などは、顧客との関係を契約関係のみでとらえており、契約書に書かれていないことは一切行わないという会社もあると思います。システム開発においても同様に、契約書に書かれていないことは一切行わないベンダーもあると聞きますが、それでプロジェクトが成功するのかは疑問です。

たとえば、「各種の移行データ作成やデータ加工は、実施企業が行い、ベンダーは行わない」と契約書に書かれていたとしても、ベンダーがアドバイスしたり、時には手助けをしたりと、臨機応変に対応したほうが、プロジェクトは間違いなく上手くいくでしょう。必要な作業を実施企業とベンダーが押し付け合ったり、どこで線引きするのかを何度も確認し合ったりすることは、私には不毛に見えます。

実施企業とベンダーの両者のメンバーが含まれるプロジェクトチームは、プロジェクトを一緒に成功させるための仲間であり、一蓮托生の「共同体」であるという意識と態度が大切なのではないでしょうか。

この「共同体」が形成されることで、プロジェクト成功という「組織の意図」が、実施企業、ベンダー関係なく全員に浸透し、組織的知識創造を促すことができると、私は考えています。

## 共同体となるための「空気」

プロジェクトを成功に導くためには、メンバーが、成功イメージや成功物語を共有することが大事だと述べました。それによって、命題「私たちのプロジェクトは成功する」を絶対化し、プロジェクトの「空気」を醸成します。

「空気」の醸成のメカニズムを利用した成功事例としては、雑誌『表現者クライテリオン』2020年9月号の「新・空気の研究――TV・知事・専門家達のコロナ脳」の中で、京都大学の藤井聡教授が次の2つを挙げています。1つは、ドイツの政治学者ノエル=ノイマンの「沈黙の螺旋《らせん》」理論において、マルティン・ルターがこのメカニズムを利用して宗教改革を成し遂げたと指摘されていること。もう1つは、福沢諭吉が『学問のすゝめ』の出版を通して、欧米列強に負けない国民の気風を作り出したことです。

では、この「空気」とは何でしょうか。作家や演出家として著名な鴻上尚史《こうかみしょうじ》氏は、著書『「空気」と「世間」』（講談社現代新書）の中で、「空気」とは、「世間」が流動化したものであると述べています。さらに、「世間」について研究した阿部謹也《きんや》（一橋大学名誉教授、西洋史学者）の研究を受け継いだ、九州工業大学の佐藤直樹名誉教授（専攻は刑事法学、世間学・現代評論）による『「世間」の現象学』（青弓社）において、「世間」の特徴とは、次のように示されています。

①贈与・互酬の関係
②長幼の序
③共通の時間意識
④差別的で排他的
⑤神秘性

これらは「世間」の特徴の一部ですが、この5つの条件の中で、1つないし、いくつかが欠けたものが「空気」であると、鴻上氏は述べています。

「共同体」を考えるうえで、私もこの考えに強く共感します。プロジェクトチームを共同体とするためには、これら5つの条件を満たし、世間として機能させることが不可欠なのではないかと考えています。それぞれについて、詳しく説明しましょう。

### ① 贈与・互酬の関係

簡単に言えば、「持ちつ持たれつ」の関係です。何かをもらったら必ずお返しをする。こうした関係を築くことで、世間が形成されていきます。

たとえば、旧システムの仕様書などがすべて揃っていることはまれで、プロジェクトの計画時に要件定義を行っても、旧システムの仕様を上手く説明できない実施企業は少なくありません。そうしたときに、ベンダーが旧システムの仕様を調査すると、実施企業は喜んでくれます。本来であれば契約外の作業ですが、これも「持ちつ持たれつ」です。

何らかの贈与を行えば、その後、実施企業もベンダーを支援しようという気持ちが湧くものです。そういった贈与をお互いに繰り返すことで、お互いが助け合う「贈与・互酬の関係」を築くことができるのです。

### ② 長幼の序

年長者を尊重することは言うまでもありませんが、それに加え、経験年数や専門性などを重んじることも大切です。

たとえば、プロジェクトの体制上、プロジェクトマネジャーよりも年上のメンバーがチームに参画することも多々あります。その場合、マネジャーは、年上のメンバーの経験に敬意を払います。

逆に、年下のメンバーであっても、それぞれの専門領域の知識やスキルを尊重し、彼らの意見を真摯に受け止めるよう心掛けます。

マネジャーを含めたメンバー全員が、年長者や経験、専門性などを互いに尊重し合うことで、プロジェクトの秩序をしっかりと守ることができます。

## ③ 共通の時間意識

同じ時間を生きることも、世間を形成する1つの条件です。週次進捗会などを通じて、共通の時間意識を持つことで、共同体としての意識が育まれます。

そもそも日本の企業で「お世話になっております」や「お疲れ様です」などといった挨拶を行うことは、共通の時間意識の重要性が慣習として定着していると言える証左でしょう。初めてお会いする方へも「お世話になっております」の挨拶を使うことが常識（コモンセンス）となっていることからも理解できると思います。

近年増えている、挨拶の意味がないと言って挨拶をしない社員に対しては、この共通の時間意識により、会社を共同体として維持する働きがあることを説明するとよいでしょう。

### ④差別的で排他的

プロジェクトの内と外を明確に区別することです。ただし、これは特別に意識せずとも、プロジェクトの運営会議体やプロジェクトのメーリングリスト、共有フォルダの権限、プロジェクトルームの利用などによって、必然的に内と外が区別されていくでしょう。

### ⑤神秘性

そもそも神秘性とは、根拠のないしきたりや迷信、伝統などを指します。

システム開発のプロジェクトにおける神秘性は、命題「私たちのプロジェクトは成功する」を信じることです。こうした「何かをみんなで信じる」ことも、世間の形成には欠かせません。

もちろん、信じるためには、信じられるプロジェクト計画やプロセスの仮説といった、ある程度の根拠や実績は必要です。それでも、これまで何度か述べているように、プロジェクトには想定でき得ない課題や問題、リスクが存在します。

それを踏まえても、「私たちのプロジェクトは成功する」と信じられる人たちが世間を形成するのです。

## 「空気」を醸成し、「世間」を目指す

命題「私たちのプロジェクトは成功する」を掲げ、前項で述べた5つの条件のうち、いくつかを満たせば「空気」が醸成され、5つすべてを満たしたとき、プロジェクトチームが「世間」となり、「共同体」となります。

空気が醸成され、世間が形成されると、そこでは社会に対しての「建前」ではなく、世間内の「本音」で話をすることが可能となります。

時に、実施企業のチームメンバーが、他部署の悪い部分や愚痴などをベンダーのチームメンバーに話すといったことがありますが、こうしたことは、世間となる1つの兆候だと言えるでしょう。決してネガティブなことではありません。

組織的知識創造の促進要件の1つとして、組織の意図を共有し、信頼を基盤とした共同体（世間）となることが挙げられます。安定的な基盤があることで、知識創造やその先のイノベーションを生み出すことができるのだということを再認識してください。

反対にプロジェクトチームが契約関係だけであり、世間として機能していない状態を想

像してみましょう。実施企業がプロジェクトの成功を意図し、プロジェクト計画書にしっかりと目的を掲げているのに、ベンダー側は契約履行のみを意図している場合など、それぞれの意図がバラバラとなる可能性が高くなります。この状態では、組織的知識創造の要件を満たすことができなくなります。

## 「空気の暴走」を回避する方法

一方で、世間による支配と、空気（の暴走）による支配とは紙一重であり、注意深くチームを運営する必要があります。

「空気の暴走」とは、たとえば、明らかに納期に間に合わない状況であるにもかかわらず、誰もそれを口に出せないような空気が生み出されるといったことです。

空気の暴走については、稀代の評論家であった山本七平の『「空気」の研究』に詳しくあります。

「空気の暴走」を回避するためには、どうすればよいのでしょうか。

山本七平は空気に対抗する手段として、「水を差す」という行為について述べています。

空気が醸成される原理は、対象を絶対的なものとして把握、共有することです。ですから、相対化することができれば、通常性を取り戻すことができます。絶対化されていた対象を相対化する行為が「水を差す」という行為なのです。仲間内で海外旅行に行く計画で盛り上がっている空気の中で、誰かが「でもみんな休み合わなくない？」と水を差すことで、盛り上がった空気が一気にしらけるといったことはイメージしやすいのではないでしょうか。

これをプロジェクトに当てはめて考えると、プロジェクトチームという共同体を形成しながら、時には、その共同体が正しく機能しているかどうかを相対的に見極めることが必要だということです。

その役目を担うのは、プロジェクトマネジャーであり、リーダーたるキーマンでしょう。彼らは、「私たちのプロジェクトは成功する」という命題に対して、適宜、水を差し、プロジェクト自体を相対化しなければなりません。

空気に対抗するための「水」とは、実践を通して得られる直観から導き出されるものであり、さらに言えば、第三者機関ではない「水を差すメンバー」を、チームにあらかじめ参画させておくことも、空気の暴走を回避する方法の1つです。なお、第三者機関を除外するのは、実践から直観への回路を所持していないためです。

また、プロジェクトマネジャーやリーダーは、他者に水を差されても、それを許容できる度量が必要となります。水を差すという行為は、当事者からしたらネガティブな行為です。ネガティブな行為であるがゆえに、適宜、水を差され、それでも前進することができるかどうかが問われ、常にプロジェクトを成功させる覚悟が求められるのです。

プロジェクトチームは、共同体という側面であるがゆえに、空気を醸成し、世間として機能させることで、プロジェクトを成功に導くことができます。その反面、「空気の暴走」による自滅があり得ることも、心にとめておいてください。

少し複雑な話ですが、大切なことなので、もう一度まとめておきます。

成功イメージ、成功物語の共有により、命題「私たちのプロジェクトは成功する」を絶対化し、プロジェクトの空気を醸成して、その空気が固定化、持続化される世間を機能させます。

そうすることで「組織の意図」を定着させ、組織的知識創造の促進要件を満たします。

一方で、プロジェクトを運営していく中では、直観への回路を断絶することなく、それ自体を相対化し、空気の暴走を避けます。具体的には経験的把握により、過去のプロジェクトという「対概念」によって、今の「空気」を相対化することです。

プロジェクトマネジャーやリーダーたるキーマンは、これら矛盾する視点を両方持ち、臨機応変に2つの視点を使い分けるバランス感覚が必要なのです。

## プロジェクトは常に矛盾をはらんでいる

共同体が形成され、順調に走り出したかに見えても、システム開発のプロジェクトは、計画通り、理想通りにはなかなか進みません。どれだけ完璧なフレームワークを活用しても、必ずと言っていいほど問題が発生します。

プロジェクトを進めるには、この理想と現実を知っておくことです。「プロジェクトは計画通りにはいかない」ことを前提にしていれば、問題が起きても、慌てず、すみやかに対処できるものだからです。

しかし、「プロジェクトは計画通りにはいかない」ことを理解していないプロジェクトメンバーに、このことを伝え、短時間で理解してもらうことはなかなか困難です。

特に、システム開発経験の浅いメンバーは、理想のプロジェクトが存在し、方法論やフレームワーク、適切なマネジメントシステムさえあれば、プロジェクトのすべてが上手くいくと考えがちです。
そのため、プロジェクトマネジャーは、表向きには理想のプロジェクトを目指しながら、実際には、課題や問題が次々に見つかることを想定し、準備をしておくのです。

前項でも述べた通り、プロジェクトマネジャーやリーダーは、常にさまざまな矛盾を包《ほう》含《がん》しつつ、プロジェクトを運営していくためのバランス感覚が必要です。「ポジティブな論理で大胆に言い切る」場合と、「ネガティブな事態を想定して慎重に構える」場合の、相矛盾した2つの方法を、適宜、使い分ける必要があります。これはプロジェクトマネジャーに限ったことではなく、一般的なマネジメントやコンサルティング、仕事全般にも言えることでしょう。

あるいは、メンバーに業務を「任せて安心」な一面もあれば、「任せると不安」な一面も同時にあると思います。どちらの気持ちも、マネジャーの正直な気持ちです。

こういった矛盾を矛盾のまま抱え込むためには、宙ぶらりんで不安定な状況を抱え込んでも耐えられる「精神力」が必要となるのです。

矛盾を矛盾のまま抱え込むとはどういうことでしょうか。評論家・劇作家の福田恆存《つねあり》が

「醒《さ》めて踊れ（醒めつつ踊る）」という言葉を残しています。これは行動している自分と、それを眺めている自分がいるという態度を表しています。

私たちはややもすると、ある行動をしているとそれに没入してしまいます。かつ没入しているときというのは、その目的の正しさを問わなくなってしまいます。しかし、小説などを読む際、物語の主人公がある行動に没入していても、それを読んでいる私たちは、追体験をしながら、一方では第三者的に眺めることができます。したがって、主人公が行動している意味や目的を再確認することもできます。

醒めて踊る態度ができていれば、物事の「全体性（連続性、関係性）」を認識でき、その目的が本当に正しいのかを再確認できるということです。

つまり、一方では「プロジェクトは成功する」と踊りながら、一方では醒めて俯瞰《ふかん》した目線で眺めるといった感覚を持つのです。

# 「ワンフレーズ・リーディング」の愚

たとえば、プロジェクトにおいて、メンバーが数人、途中離脱したとしましょう。そのとき、「なぜ離脱者が出たのか」、その原因を分析し、改善することは大事なことです。

しかし、「絶対に離脱者をゼロにするべき」といった理想を追うためだけの議論になっては、そこからは何も生まれません。逆に、「現実はこんなもの」とあきらめの境地を吐露し、単に現実を肯定して終わってしまっても、次の改善に何らつながりません。

「離脱者をゼロにするべき」などという、耳当たりの良い理想のワンフレーズを掲げることを、ここでは「ワンフレーズ・リーディング」と呼びます。ワンフレーズ・リーディングを掲げることが、いかに危険で愚かかは、次のようなワンフレーズ・ポリティクスの例を見ても明らかでしょう。

「経済は自由であるべきだ。だから、貿易に制限をかけてはいけない」

これは理想論であると同時に、暴論でもあります。自由貿易は、確かに素敵な響きに聞こえますが、非常事態に備えて、エネルギーや食糧などの国内自給率を保つ必要があり、そのためには、輸入に関税をかけることは重要なことです。

実際、新型コロナウイルス感染症のパンデミックやウクライナ戦争によって、さまざまな物品の輸入価格が高騰し、国内経済に大きな打撃を与えたことは記憶に新しく、その悪影響は現在も続いています。2024年1月1日に能登半島地震が発生したように、日本が災害大国であることを考慮すれば、なおのこと、国内産業を守る施策は必要でしょう。

繰り返しますが、基本的にプロジェクトは、理想通りにはいかないものです。「残業をゼロにするべき」などといったワンフレーズ・リーディングに右往左往することなく、また、ユートピアニズム（理想）とリアリズム（現実）のどちらかに偏ることなく、その本来の目的などを慎重に議論し、判断していくことが重要となります。

もう1つ、よくあるプロジェクトの例を出します。

「Fit to Standard」という言葉を聞いたことがある方も多いと思います。「Fit to Standard」とは、業務に合わせてシステム開発を行うのではなく、システムの標準機能に合わせて業務を変更するコンセプトのことです。システム開発を行っていくうえで、考え方や技術などをコンセプト化し、システム化方針として明確なコンセプトを掲げる技法は素晴らしいものだと思います。

一方で、何でもかんでもこのコンセプトを引っ張り出して判断することは避けなければなりません。「Fit to Standardだから、ベンダー側が現行業務を理解する必要がない」といった判断が代表例です。

こういったやり方を強行すれば、実施企業の現行業務とシステム標準機能とのギャップを抽出し、分析する主体がいなくなってしまいます。いいえ、厳密に言えば、この場合、ギャップ分析の主体は実施企業側が担うことになりますが、先に述べたように、システムスキルがない状態でギャップ分析を行うことが困難であることは明白です。

そもそも、この「Fit to Standard」という概念が、どこからはじまったのかはわかりませんが、アメリカのように実施企業側に多くのＩＴコンサルタントや技術者が在籍する場合と、そうでない日本の現況では、取り組み方も大きく異なってくるはずです。そういった背景や文脈をしっかりと理解し、ワンフレーズに振り回されることなく、コンセプト化という手法を有効に活用していきたいものです。

## 横文字のワンフレーズに惑わされるな

少し脱線しますが、日本人は横文字のワンフレーズに弱いと感じています。たとえば、日本では言語化（コンセプト化）されていない技術や知識が多くあり、実際は当然のごとくやっていたことも、それが横文字のワンフレーズで言い換えられると、それを新たなものとして認識してしまうのではないかということです。

このことは先に紹介した岩尾俊兵准教授も『日本企業はなぜ「強み」を捨てるのか』の中で指摘しています。

日本では日々の実践によって開発された優れた経営技術がありながら、そのコンセプト化が得意ではない（または、日本は古来「言挙げせぬ国」という言葉の通り、信頼関係があれば理屈や理論を必要としない文化である）ため、それが海外の研究者によってコンセプト化され、逆輸入される状況があるということです。メイド・イン・ジャパンのコンセプトが、いつの間にかメイド・イン・アメリカになってしまい、再度日本に持ち込まれているというのです。

もともと日本では、技術や知識を言語化して伝えるのではなく、阿吽《あうん》の呼吸とでも言うような、現任訓練（ＯＪＴ）などの実践において承継されてきたという背景もあるのでしょう。

カイゼン（改善）の概念については先に述べましたが、リーン生産方式も元をたどればトヨタ生産方式であり、海外の企業や研究者たちは、私たちが思っている以上に日本企業を研究しているのです。

さらに付け加えると、昨今注目されている「社員エンゲージメントの向上」といった意識なども、日本では昔から「愛社精神」という言葉で帰属意識を大切にしていましたし、「持続可能な開発目標（Sustainable Development Goals：SDGs）」や、「売り手（社員）よし、買い手（顧客）よし、世間（社会）よし」といった「三方よし」という言葉も、その根底にある、企業活動は金儲けだけではないという信念を、日本企業は古くから理解し、実践してきたのだと思います。

また、企業活動ではありませんが、横文字のワンフレーズである「ＬＧＢＴＱ」についても、同じことが言えるのではないでしょうか。近年、急激に取り沙汰されてきたように見えますが、実は日本では、古くからＬＧＢ等に寛容であったと思われます。

世界における歴史的背景を確認してみますと、旧約聖書では、ゲイ、レズビアンの街「ソドム」と「ゴモラ」を神が焼き尽くしたとあります。そもそも、ユダヤ教、キリスト教、イスラム教等の一神教では、差別というレベルを超え、ゲイ、レズビアン等は、処刑された事実などもあると聞きます。ＬＧＢＴＱが海外で重要視されるコンセプトである理由もわかります。

一方、日本では、たとえば『古事記』『日本書紀』におけるヤマトタケルの物語の中で、クマソタケルとの男同士の関係がありますが、そのヤマトタケルは現代でもヒーローとして、さまざまな絵本等に登場します。また、「祝詞《のりと》」の中では、人と動物の関係、また親子の恋愛は「穢《けが》れ」として書かれていますが、ＬＧＢ等に関する記述はありません。『古事記』『日本書紀』とまで言わずとも、浮世絵の春画や戦国武将の衆道《しゅどう》などからも、同性愛について寛容な社会だったことは見て取れると思います。さらに、現代の日本においても、漫画やアニメ等、男性女性の垣根を越え、さまざまな関係性を自由に表現していることがわかります。つまり、今ことさらに「ＬＧＢＴＱ」を唱える必要もないほどに、日本にはすでにそれを受け入れる基盤があったのです。

これらはやや飛躍した例ではありますが、海外のコンセプトを取り入れる際には、特にＩＴ業界では種類や頻度も多いため、そのコンセプトの歴史的背景などの文脈を理解し、かつ過去や現在の日本国内ではどういう状況であるかを再評価し、冷静な態度で対処していきたいものです。

以上、「組織的知識創造プロセス」の促進要件の中で最も重要な要素の１つである、「組織の意図」を満たすうえで、暗黙知となるマネジャーの態度や姿勢について述べてきました。

ここからは、それ以外の知識創造促進要件である「個人の自律性や主体性」や「情報の冗長性」、「最小有効多様性」を満たすための態度や姿勢について、羅列する形で紹介していきます。

## 自分事としてとらえ、考える

投資家として世界的に有名なウォーレン・バフェット氏は、次のように言いました。

「レンタカーを洗って返す人はいない」

それは、なぜでしょうか。レンタカーは自分の車ではないからです。自分の車であれば、頻度は人それぞれですが、必ず洗うでしょう。

プロジェクトにおいても、実施企業側、ベンダー側問わず、プロジェクトマネジャーが、そのプロジェクトを自分事としてとらえて考えているか、そうでないかで、結果は大きく異なってきます。

大手ベンダーやコンサルティング・ファームなどでよく見られるのは、営業側と技術側のコミュニケーション不足によって、受注後のプロジェクト案件を「（技術側である）マネジャーがやらされている」といった形になることです。そのような場合、プロジェクトの多くは失敗に終わります。

プロジェクトを成功させるためには、少なくとも、プロジェクトのマネジャーやキーマンは、自分事としてとらえ、考えるべきでしょう。

そしてこれは、プロジェクトの各担当者も同様です。

仕事において、「主体性が大事」とよく言われますが、プロジェクトの各担当者にも、主体性を持って動いてもらう必要があります。そのためにマネジャーは、さまざまな働きかけを行わなければなりません。

自分事としてとらえ、考えることは、「組織的知識創造」の促進要件でもある「組織の意図」や「個人の自律性」「個人の主体性」を満たすためにも必要な態度となります。

心理的盲点を意味する「スコトーマの原理」からも、主体性の必要性が理解できます。たとえば、赤ちゃんが夜中に泣き出したとき、母親はすぐに目を覚まします。その一方、父親は横で眠って、高いびきをかいている、ということは少なくありません。これは父親が、「赤ちゃんの世話は母親の仕事」と認識しており、赤ちゃんの泣き声を、自身に必要な情報として脳内で処理する対象から除外しているためです。

養老孟司氏の『バカの壁』（新潮新書）でも、女子学生と男子学生では、同じ出産のビデオを鑑賞しても、感想や学びが大きく異なると書かれています。出産を自分事としてとらえている女子学生に対して、他人事である男子学生は、「知っていること」として処理しており、人間の脳機能として、「知っている（と思っている）」ものは、再び情報処理されることはありません。

つまり、自分事としてとらえるかどうかで、課題や問題に気づくかどうか、情報を処理すべきと脳が認識するかどうか（無意識領域における情報の取捨選択）は、大きく異なってくるのです。

## 常にベンダーが主導権を握るよう心掛ける

第3章で述べた要件定義だけでなく、打ち合わせや会議といった、プロジェクトにおける各種の作業においても、基本的にはベンダー側が常に主導権を握っているほうがよいでしょう。これは、そのベンダーのコンサルタントが、プロジェクトを自分事としてとらえ、考えていることの表れでもあります。

ベンダーが主導権を握るためには、システム開発の実施企業の現行業務を把握し、深く理解すると同時に、実施企業のプロジェクトメンバーから信頼されることが不可欠です。

複数の人間が同じ情報空間にいる場合、情報量が多い人に、少ない人たちが同調していく傾向があります。そのため、多くの情報を獲得しておくことも主導権を握ることにつながります。

主導権を握ることができれば、ベンダーのコンサルタントは、自分たちが意図する施策などを通しやすくなり、合意形成もスムーズに進みます。移行データの作成などといった実施企業側のタスクも、可能な限りベンダーが主導的に進めることで、必要な工数が少なく済むことは多々あります。つまり、ベンダー側が主導権を握ることは、結果的にプロジェクトを円滑に進められることにつながるのです。このことは、実施企業側のメンバーも理解しておくべきでしょう。

なお、第3章でも少し述べましたが、ベンダー側が実施企業の現行業務のヒアリングをせず、テンプレートを用いたプロトタイプ手法による要件定義を実施する場合には、注意が必要です。この方法では、ベンダーがプロトタイプの準備や操作を行い、プロトタイプ評価を実施企業が行うことになります。すると、実施企業が主導権を握ることになり、次のような事態に陥りがちです。

- 実施企業側の情報量が多くなり、ベンダーの意見が弱くなる

- 画面や見た目、プロセスの一部分の評価や議論にとらわれ、業務要件の根幹部分の議論が浅くなる
- ベンダーがテンプレート調査などに追われ、業務要件の把握や分析が不十分となる
- ベンダーが「作業者」となり、コンサルティング面の思考が欠落していく

これらは、プロジェクトにとって有益とは言えません。

## プロ意識も自分事で考えることから育まれる

ベンダーのコンサルタントには、「自分がシステム仕様を決めるのだ」「最良のシステム仕様を決定できるのは自分だ」といったプロ意識が欠かせません。

実施企業に「AとBのどちらにしますか」などと、ベンダーが選択肢を示し、システム仕様を決めてもらう態度ばかりだとしたら、それは、そのプロジェクトをベンダーが自分事としてとらえていないためだと考えられます。もちろん、選択肢を示すこと自体はよくありますし、やってはいけないことではありません。ここではあくまでも、臨む際の姿

勢・態度の話として理解してください。

ベンダーが最良の仕様を導き出し、その仕様を実施企業にも納得してもらう。

それこそが、ベンダーのコンサルティングであり、「システム設計の答えは1つ」「最良の設計仕様がある」と信じて、その答えを見つけることがベンダーの使命だと、私は考えます。

「客の好むものも売るな、客の為になるものを売れ」

これは近江商人の言葉ですが、まさに、実施企業が好むシステムを作るのではなく、実施企業の為になるシステムを作るのだという態度が、ベンダーのコンサルタントには重要なのです。

ただ、ベンダーが導き出した自信満々の答えを、実施企業に理解、納得してもらうことは、なかなか骨の折れる作業となります。これについては、「正論であれば通るわけではない」（149ページ）で後述します。

## 会議やミーティングの目的以外の効用

プロジェクト内の定例会議などは、一見、ムダなようにも見えます。チームの定例会議は、進捗状況の確認や情報共有などが目的ですが、十数名程度のチームであれば、定例会議を開かなくても、すでに全メンバーがそれらを共有、把握している可能性もあります。

このため、各メンバーは、自分自身の作業を優先したいと考え、管理者もまたメンバーの作業を優先させたいと思い、定例会議を行わなくなるケースが散見されます。

しかし、プロジェクト内の会議やミーティングには、表面上の目的だけではなく、共同体形成のために必要な共通の時間意識を持つ目的や、チームの方向性や各種イメージを共有するなど、副次的な機能もあります。

たとえば、リーダーが言語化できていない意図やイメージ、プロジェクトの緊張感、危機感などを、一堂に会することで全メンバーが共有できます。各担当のタスクイメージや責任範囲、目指すべき品質などを各メンバーに共有するための「場（情報空間）」として、会議やミーティングは最適なのです。

空間は情報に満ちています。その中で、人間の情報探索活動は、意図的である限りにおいて、既存の知識の範囲という限界があります。一方、会議で何気なく耳にすることは、その限界を超えて入ってくる情報であり、それが刺激となって新たな何かが生まれる。いわば、ゆらぎが起きやすい。それが、会議の効用の1つでもあります。

『知識創造企業』において、野中郁次郎名誉教授、竹内弘高教授は、知識創造の「場」という概念を説きました。その「場」においては、革新の源である「思い」を共有でき、その共感を媒介に自分と他者との区別がなくなり、素直に他者と向き合う知的論争が可能となります。

プロジェクト内の会議やミーティングに限定する必要はありませんが、この「場」足り得る機会を創り出すことは、知識創造において必要不可欠です。

この「場」において、組織の意図の共有や、情報の冗長性（別領域の課題等、一見、メンバーの目の前の作業には不要と思われる情報が共有されていること）、最小有効多様性（同じ経歴や同じ所属だけでなく、必要かつ多様な人が集まった状態のこと）が発生し、組織的知識創造を促進することができます。

そのため、必要性が少しでもある会議は、極力省かないほうが得策だと私は考えます。また、現在はオンライン上のリモート会議も増えましたが、便利である反面、それでは得られない空間の共有もあります。リアルとリモート、それぞれの良さを踏まえ、併用しながら使い分けていくことが、今後は重要となってくるでしょう。

## 「今は議論しない」という判断も必要

業務要件定義やシステム基本設計において、あらかじめ細かな運用手順まで決めることは難しいと言えます。なぜなら、136ページの図4-2のように、実施企業において、システムの機能の利用イメージがつかず、堂々巡りとなってしまうからです。

たとえば、あるレポート機能を開発する場合、「どのようなケースでエラー出力するのか」「エラー時にはどう検知して誰が対応するのか」などを決定するためには、前後の業務フローや必要な処理時間など、各方面の微調整を行いながら決めていく必要があります。

ですから、業務要件定義では、決める範囲を見極めながら進めることになり、「決めないものは宙ぶらりんのまま置いておく」のか、「いったん暫定仕様としてアジャイル的に進める」のかは、ベンダーのコンサルタントが判断しなければなりません（ここでも宙ぶらりんな状況を抱え込む「精神力」が発揮されます）。

また、期間が限られているプロジェクトでは、議論する時間を有効に使うためにも、

図4-2　機能の利用イメージがつかない

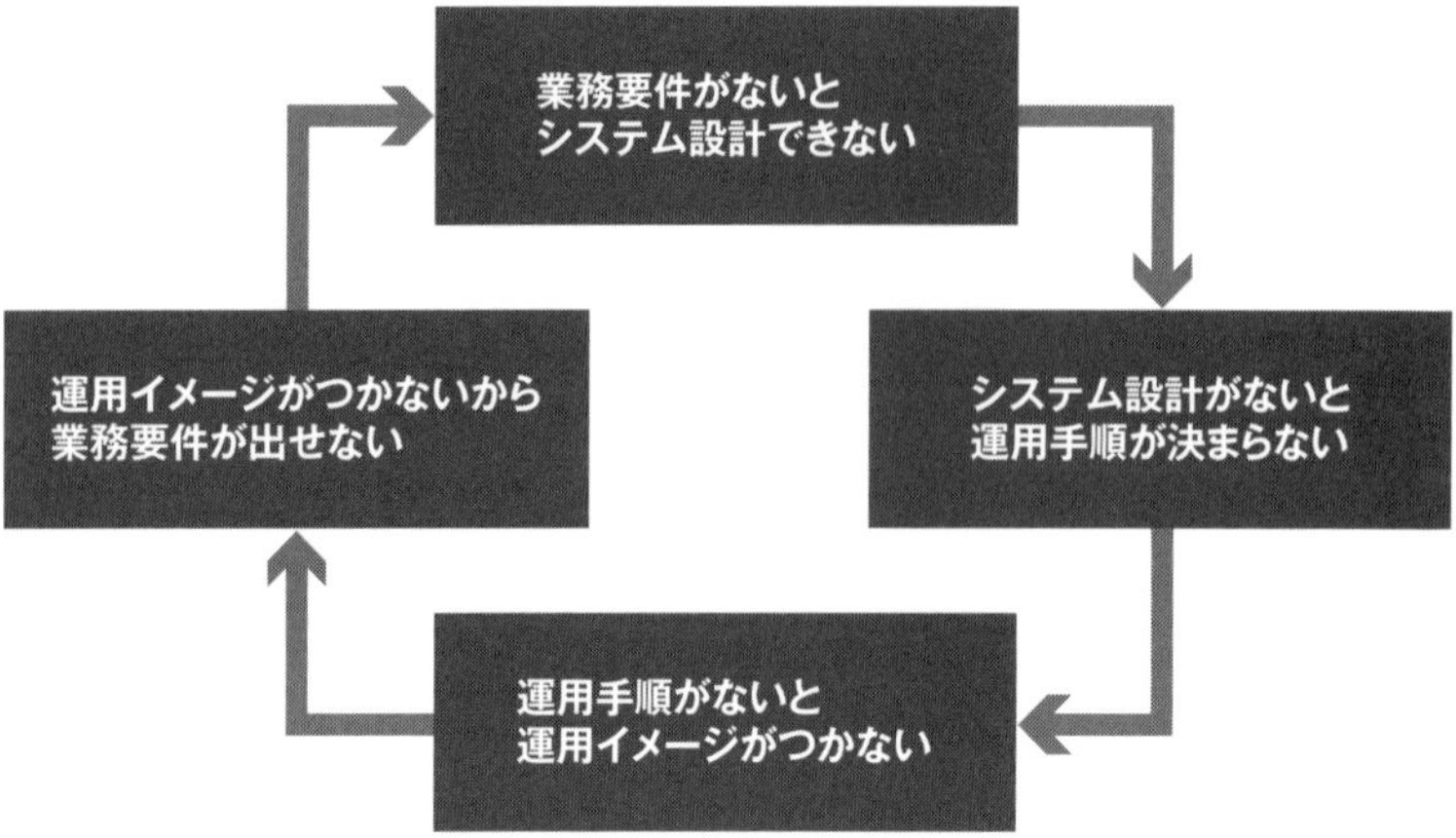


「今は議論しない」と判断することも重要になります。そこには、時間の有効活用だけでなく、「議論の集中」という目的もあります。

たとえば、システム間の自動インターフェースにおいて、エラーハンドリングや各種画面の操作性など、後続のフェーズで議論を小出しにしたほうが、有意義な結論が導かれる場合もあるからです。

要件定義フェーズでは、実施企業からすると、新しいシステム用語が乱立し情報過多となり、多くの場合、混乱をきたします。出す情報をコントロールしながら議論を行うことが、実施企業の判断力向上につながり、プロジェクトを円滑に進めることになるのです。

## 課題の本質を特定する

業務要件を見極めるには、抽象的概念と具体的事象との相互考察が有効となります。目の前の具体的な課題は、抽象的概念に昇華させて整理し、抽象的概念の課題は、具体的な事象を特定して整理します。

たとえば、実施企業側の人事業務担当者が、現在の課題として「勤務時間の登録作業に時間がかかっている」といった発言をしたとします。これに対してベンダーは、具体的な業務としてより掘り下げた業務手順を確認していきます。もしも、入力件数の量が多いため、単純に作業時間がかかるという場合ならば、大量のデータを一括で登録できる機能が解決策になります。しかし、そこには業務担当者自身も気づいていない潜在的な課題が隠れていることがあります。

そこで、抽象的な分類（直接作業、間接作業、難易度等）により、その作業を分析する観点を用意します。その観点に従い、再度、業務手順を確認すると、実際には入力エラーを、都度、社員本人に電話で確認している時間のほうが多かったことが判明したとします。その場合は、先に挙げた一括登録機能よりも、事業所の庶務担当による入力、または

図4-3　抽象的概念と具体的事象の相互考察

例）人事業務担当者から「勤務時間の登録作業に時間がかかる」と言われた

| 概念分類 | 分類説明 | 具体的な事象 | 解決策 |
|---|---|---|---|
| 直接作業 | 直接作業に必要な所要時間が多い／少ない | 1件ずつ手登録している | 一括登録機能 |
| 間接作業 | 間接作業が多い／少ない | 入力エラーを都度、社員本人に電話で確認している | 事業所の庶務担当による入力<br>社員本人による入力 |
| 難易度 | 必要な専門知識／技能が多い／少ない | 集計方法が職種や勤務パターンによって異なっており、すべての職種と勤務パターンの組合せを把握する必要がある。システム操作が難しく高度な操作技術が必要となっている | 人事制度の変更 |

抽象的概念への昇華　←→　具体的事象へのブレークダウン

社員本人による入力に変更することが、解決策として有効な場合があります。

こうした作業を繰り返すことで、次第に課題の本質が特定できていくのです。

## 思考を深め、解決策を模索する

課題や問題の本質を特定したら、弁証法で言うところの「アウフヘーベン（止《し》揚《よう》）」によって解決策を考えることが有効な場合もあります。

アウフヘーベンとは、対立した意見について、議論する過程において思考を深め、より高次の段階へと進んでいく思考法を指します。ある意見と異なる意見について、単に足し合わせたり、妥協案を模索したりするのではなく、新たな解決策を導き出すことを考えます。

たとえば、ある便利機能を追加開発したいが、その費用が出せないといった場合、次のような解決策が考えられます。

1　便利機能を縮小し、追加開発費用を極限まで抑えて開発する
2　業務運用の変更を行い、便利機能自体を不要とする
3　追加開発機能に便利機能以外の付加価値を付け、別予算で開発を行う

「便利機能を追加開発したい」と「開発予算がない」といった対立する意見に対して、よくある妥協案としては、右の1のように予算内に収めてしまうか、または、2のように追加開発をあきらめる方法があります。

そのようなとき、両意見ともに成立させる案を考えてみます。

予算がないと言っても、それはあくまでも「便利機能に対して使う費用がない」という意味合いであり、別の目的であれば話は変わってきます。すると、3のような解決策を考えることができるかもしれません。

どんな形であれ、解決へ向けての知識創造がプロジェクトを成功へ導くことを理解しておくことが重要です。

## 安易な共通化や標準化が失敗を招く

また、解決策を模索する際に単純に共通化、標準化することで解決しようとすることがあります。

前述のような、プロジェクト内での個別課題とはシチュエーションが異なりますが、プロジェクト開始前のシステム選定において、共通化や標準化を掲げてシステム構成を決定することなどがあります。

よくある例として、申請系の業務をすべてワークフロー専門のアプリケーションで共通化する試みです。経理系であれば支払申請、請求申請、新規取引申請など、人事系であれば身上異動申請、手当申請、休暇申請、残業申請などが代表的ですが、これらすべてを個別に備わっている申請機能を使わずに、共通のワークフロー基盤で構築するといったことです。

確かに、共通のワークフローを使うことで保守メンテナンス性は向上するように見えます。しかし、この「ワークフローで共通化する」という決定における最大の難点は、「ワークフロー／申請」というキーワードだけで一括りにしている点です。これは憶測による共通化に過ぎず、その決定をしてしまったがために、共通化すること（ワークフロー基盤にのせること）自体が目的となり、本来の「業務／システムのあるべき姿を目指す」という目的を見失ってしまう可能性が高くなります。

そもそも、人事系の申請には、休暇や残業申請のように上司が承認を行うものと、身上異動申請のように人事部への通知・連絡の意味合いのものがあります。どちらも名称としては「申請」と呼ぶことが多いですが、業務の特性は大きく異なってきます。個々の特性や具体的な業務を踏まえて解決策を検討するべきです。

このように、システム開発プロジェクトにおける共通化や標準化は、共通化、標準化することそれ自体が目的となっていることが多々あります。

共通化や標準化とは、本来、個別の具体例を十分に把握、理解し、そのエッセンスを煮詰めていき、それらの「共通解」の部分を抜き出すことで可能となります。つまり、共通化や標準化を行う場合には、すべてを知る必要があるのです。

しかし、実際には、憶測による共通化や標準化がほとんどであり、その結果として、システムは追加改修を繰り返し、複雑さが増していき、保守メンテナンス性も低下します。最終的に、当初の目的とはかけ離れた事態を招くことになりかねません。

安易な共通化や標準化は避け、適宜、個別での単純化を目指すべきかどうかを状況に応じて判断することです。

## ムダなコミュニケーションを減らす

作業や業務の内容によっては、コミュニケーションが仕事時間の大半を占めるということがあります。その場合、ムダなコミュニケーションをどれだけ減らせるかが大事なポイントとなります。ここで言うムダとは、コミュニケーション自体がムダなのではなく、余計なコミュニケーションという意味です。

ムダなコミュニケーションを減らすために、組織形態やルールを変更することが有効となることもあります。

たとえば、インターフェースチーム、帳票チームといった業務領域別のチーム編成に加えて、それらを横断した共通系のチームを編成することがあります。縦割りチームだけでは対応できない目的のために、このような横断チームも編成するケースは、よく見られます。

しかし、業務領域別チームと共通系チーム、それぞれのタスクのためのコミュニケーションが発生するため、ムダが増え、時間をただただ浪費していることがあります。

こうした時間の浪費を防ぐためには、共通系チームが担う業務範囲をあらかじめきちんと定義しておくことが重要になります。その業務範囲の幅により、共通系チームが把握しなければならない各業務領域の具体例の数量が大きく変わってきます。

つまり、ワークフローの実装のみといったテクニカルな専門知識を必要とする部分を集約するなど、共通系チームのメリットと、ムダなコミュニケーションが発生するというデメリットとのバランスをとりながら、適切な業務範囲の幅を定義することが重要となるのです。

ムダなコミュニケーションを減らすという観点では、第三者や第三者機関などとのコミュニケーションを見直すことも大切です。

プロジェクトの品質チェック（インスペクション）などのために、第三者が評価や判断を行うには、当事者からの十分な情報収集が必要となりますが、そのためにムダなコミュニケーションが発生することがあります。このデメリットを補って余りあるほどのメリットが見出せなければ、わざわざ第三者機関を設けてチェックを行う意味はないと言えます。第三者がチェックする項目などは最低限に減らすべきなのです。

## 成果物は減らしてはならない

コミュニケーションにおいては、常に見直しを行い、ムダを減らしていくことが求められる一方で、システム概要図や要件定義書、基本設計書、機能別の概要設計書（外部設計書）、機能別の詳細設計書（内部設計書）などの成果物を減らすことは、得策とは言えません。成果物を減らすと、それを作成する時間を短縮できると考えがちですが、それはまったくの間違いです。

仮に成果物を減らしたとしても、システムを作る目的として、その要件や仕様を把握、整理する必要性はなくなりません。成果物がなければ、それらが曖昧になり、正確に把握、整理できないままシステム開発を行うことになります。結果、システム開発が失敗に終わる可能性は高まるでしょう。

また、成果物を残さないことで、個人の情報整理に不備が出たり、メンバー間のムダなコミュニケーションが発生したりと、デメリットばかりが増えるのです。

成果物を減らすとしたら、各メンバーに、個人別のまとめ資料や説明資料などを極力削減させましょう。あわせて、要件や仕様などのさまざまな情報や説明資料などは、常に「どの成果物に盛り込むべきか」を考え、適宜、共有情報として必ず残します。

その際、エクセルマクロによるフローチャートの自動作成や、AI機能を用いた議事録作成などといった成果物の自動作成は、一見、業務が効率化されるように見えますが、実際に使ってみると、まったくと言っていいほど機能しないケースが多いのが現状です。今しばらく、テクノロジーの進化を待つ必要があるようです。

仮に、議事録作成が自動でできたとしても、文字をタイピングしている時間が削減されるだけで、その順序や構成、内容などを把握、理解し、決定事項や専門用語、俗語の表現などに漏れや間違いがないかどうかを確認する作業は削減されません。

議事録は、会議に出ていない人が、会議の内容を把握するための情報伝達手段であり、それは会議に出た人が会議に出ていない人に会議内容を説明する行為と言えます。

そう考えれば、議事録作成は省略できませんし、安易なものであってはいけないことも明白です。

## 「名正しからざれば即ち言順わず」

タスクの名称や成果物の名称、資料の名称、システム機能の名称、管理表の件名やメールの件名など、「名前」は、プロジェクトメンバー全員が使用し、かつ思考するための共通言語となります。「たかが名前……」と思う人もいるかもしれませんが、ムダなコミュニケーションを最小化するためには、この「名前」を最適化しておくことは、意外と重要です。

たとえば、多数の宛先へメールを同時送信する場合、過去のまったく異なる件名のメールを、送付先が同じだからと転用して送っている人を目にすることがあります。

送付先のメールアドレスをいちいちピックアップする必要がないため、送信者にとっては確かに時間短縮になります。しかし、送付される側は、件名を見て、「昔の案件だから急がなくてもいいだろう」などと考え、後回しにするかもしれません。最悪の場合、「見なくてもいい」と判断される可能性すらあります。

送信者の時間短縮のために、大事なメールが読まれなかったとしたら本末転倒ですし、メールが読まれなかったことで何か問題が起こったとしたら、プロジェクト全体として、きわめて大きな損害を被る可能性もあります。

「メールの件名ぐらい」と侮《あなど》ってはいけないのです。


どんな名称にしても、一度、名前を付けてしまうと、その名前だけが固定化されます。その名前となった経緯や背景などを知っている人たちは、その名前にあまり疑問を持たなくても、後任者や間接的な関係者らは、その名前の固定化された意味だけを知ることになります。名前が内容を適切に表していれば問題ありませんが、何らかの含みを持たせていたり、二重の意味合いが込められていたりしても、そうしたことは伝わりません。

また、引き継ぎ時などに、前任者が対応した作業を参考にするため、前任者の作成物を検索しても、探しているファイルがなかなか見つからないことがあります。これも、名前の付け方が適切でなかったために、引き起こされる事象かもしれません。

何かに名前を付ける際、「自分がわかればいい」と思いがちですが、誰もが内容を理解しやすい「ネーミング」になるよう、細心の注意を払う必要があるのです。


孔子の言葉を弟子たちが綴った『論語』には次のような言葉があります。

「名正しからざれば即ち言順《げんしたが》わず、言順わざれば即ち事成らず……」
名が正しくなければ、言葉も順当ではなく、言葉が順当でなければ、仕事も成すことができない。肝に銘じておきたいものです。

## 開発管理担当者の限界をコンサルタントが補う

システム開発プロジェクトでは、ベンダー側のメンバーに、開発管理担当者や品質管理担当者を置くことが一般的となっています。要件定義や基本設計をコンサルタントやＳＥ（システムエンジニア）と呼ばれる担当者が担い、以降の詳細設計やコーディング、単体テストを開発担当者が担います。多くは、開発管理担当者や品質管理担当者がこの開発担当者を束ねる形で開発チームを組織します。

しかし、ここで注意すべきは、開発管理担当者や品質管理担当者でコントロールできる領域は意外と少なく、追加開発（アドオン）の品質を左右する要素のほとんどは、ベンダーの各コンサルタントが決定した仕様に起因するものだということです（ただし、これは企業向け基幹システムの追加開発に限られ、システム開発のパッケージを利用しない「スクラッチ開発」の場合はこの限りではないかもしれません)。

開発管理担当者や品質管理担当者は、プログラミング言語でコードを記載するコーディングレベルの品質であれば管理可能ですが、仕様レベルでの管理は到底、不可能でしょう。

システム障害などは、その多くが仕様レベルによる問題です。したがって、追加開発の品質の保持、向上は、要件定義や概要設計を行うベンダーのコンサルタント一人ひとりに委ねられることになります。これらのことを理解したうえで、開発管理担当者や品質管理担当者を置くかどうか、適宜、判断する必要があります。

もちろん、開発メンバーのレベルが全体的にあまり高くなく、コーディングレベルでの障害が予見できる状況であれば、開発管理担当者を置く意味は十分にあります。

## 正論であれば通るわけではない

実施企業とベンダーとの議論の席、あるいはプロジェクト外の人たちの理解を得る必要がある際など、どんなに正論を訴えても、それが通らない状況があります。

たとえば、実施企業が、過去からの商慣習などにより、あまり好ましくない業務運用や業務ルールを実施していることがあります。そういったときに、要件定義などの打ち合わせの場で、ベンダーが合理的な正論を説き、実施企業の合意を得ようとしても、望んだ結果を得られることは、まずないでしょう。実施企業も、その商慣習や業務運用、業務ルールが適当ではないことは、ある程度理解しつつ、それでも仕方なく続けているという理由があるからです。

では、そのような場合、正論を通すためにはどのように対処すればよいのでしょうか。それについては、京都大学の藤井聡教授による『人を動かす「正論」の伝え方』（クロスメディア・パブリッシング）が参考になります。以下、私の解釈を踏まえて述べます。

- 自身の意見について反証を何度もシミュレーションする（事前の理論武装）
- 実施企業が邪論で支配されている状況を正確に把握する（事前の現状把握）
- 正論に同意する内外の味方を増やす（根回し）
- 打ち合わせ参加者の数割程度が同意する状況作り

これらを実践することができれば、正論を通せる確率が格段に上がるでしょう。

また、打ち合わせの場で他のメンバーに「そうですよね」などと合いの手を入れてもらうのも、意外と効果的です。特にオンライン会議の場合は、相手の顔がよく見えず、発言に対する反応もわかりにくいことが多いので、同意する発言に対して、大きく頷《うなず》くそぶりを見せる癖をつけておくとよいでしょう。

これらは、社会心理学で言うところの「限界質量」です。ある集団内で特定の行動をとる人が一定数を超えると、なし崩し的に全体がその特定の行動へと移行することがあるのです。

## 正論は「粋」を加味して伝える

正論を説き、合意を得るためには、その伝え方が何よりも重要になります。1つの方法として私がお勧めするのは、伝える際に「粋《いき》」を見せることです。「粋」とは、さっぱりと垢抜《あかぬ》けているさまを指す言葉です。

粋の反対語は、「野暮《やぼ》」。正論であっても、ダラダラと「野暮ったい」意見では、多くの人は心情的にも同意しかねるでしょう。

哲学者であった九鬼《くき》周造の『「いき」の構造』（岩波文庫）は、江戸時代の遊郭における遊女の行動や意識を分析することで「粋」について書かれた名著です。その中で「粋」とは、次の3つで構成されていると述べられています。

・意気地《いきじ》（意見を通す強い想い）
・あきらめ（反対意見がほとんどであり、負けからのスタートであるという諦念）
・媚《こ》び（≒愛嬌、ユーモアなど）

これら矛盾するそれぞれを共存させることが、「粋」を表出する条件となります。

私はこれらに、責任を呑み込む「覚悟」が加わると、さらに「粋」になると考えています。相手から同意や決断を得るためには、その判断材料を提供する必要がありますが、その際、誤解や誤認を招かないよう、必要以上の説明を加えるのは野暮だからです。

つまり、覚悟を持って短く凝縮した説明こそが、粋な伝え方となるのです。野暮な言い回しではなく、粋な感じで伝えることができれば、周囲から合意を得る可能性が格段に上がるでしょう。

# 承継されてきた暗黙知を伝えよ

本章で述べてきた暗黙知については、特に意識することなく実践してきた人も多いと思います。これらははっきりと言語化されていないだけで、実際の業務の中で自然と身につけている人もいれば、上司や先輩などの行動を、無意識に見習って実行している人もいるでしょう。

第2章でも述べましたが、どんなプロジェクトでも、こうした暗黙知を見直し、再評価し、形式知化して伝えていくことで、常に知識創造を起こし、成功へ導くことができるようになると、私は考えます。

そうして初めて、それらの「知」が価値あるものとなり、それこそが、継続的にプロジェクトを成功させるための重要なカギとなるのです。

［第5章］

# システム稼働後にやるべきこと

# 運用してみて初めてわかることもある

システム開発・導入を経て、めでたくシステムの本稼働を迎えたあとは、そのシステムの「運用・保守フェーズ」に入ります。

ここまで、システム導入のプロジェクトを成功させるためのノウハウについて、主に「形式知」と「暗黙知」の観点から述べてきましたが、最後に導入後の運用・保守についても触れておきたいと思います。

システム開発プロジェクトは、一般的には、そのシステムが目的通りに稼働することを確認して終了します。そのため、システムの本稼働をもって、システム投資を終える企業がほとんどです。

しかし、システムは、導入の過程と稼働それ自体がゴールではないでしょう。そのシステムが、以降、理想的に運用されていくかどうかが重要であり、稼働後、運用しながら少しずつ改善することによって、システム導入の効果がより発揮されることは間違いありません。なぜなら、実際にシステムを運用してみて初めてわかることがあるからです。

これは私自身の個人的な経験ですが、子どもの成長を記録しようとデジタルカメラを購入することになり、画質が良いほうがいいだろうと考え、画素数の高い機種を選んで購入しました。

しかし実際には、子どもの発表会や運動会などで使用すると、遠い距離から撮影することが多いため、望遠機能のほうが重要だったことに気づきました。

遠くからでも、きれいに撮りたければ望遠レンズを買い足す必要があります。さらに、ぶれないように撮るための三脚や、多くの親御さんたちの頭越しに撮影するため、自分が立つ脚立など、いろいろと買い足したいものが出てくるかもしれません。

このように、実際に使ってみないと本当にほしい機能はわからないものなのです。

システム開発においても同様のことがあります。

たとえばあるとき、申請業務に関して、システム開発時には紙で行っていたときと同じ要領で関係部署すべてを回覧するワークフローを構築しました。しかし、実際にシステムが稼働し運用していくと、承認者以外はそれを参照すらしていないことが、システムの参照ログ（履歴）により判明したのです。それでも十分に業務が遂行できていることから、必要最低限の承認者を残す形でワークフローを組み直すシステム改善を行いました。

これも、実際に運用してみないとわからないことでした。

必要な機能などについては、システム開発の最初の段階で関係者が話し合い、吟味します。ただ、どれだけ吟味したとしても、実際に運用してみると過剰な機能があったり、逆に不足する機能が出てきたりするものです。

新たに導入したシステムをより効果的に活用するためには、実際の運用の中で、こうした過不足を調整し、改善していくことが必要となります。

## 稼働後も一定期間、各部署にシステム担当者を置く

ここで1つ問題が生じます。「誰が、どのようにシステムの改善を行うのか」というものです。

システム開発時のプロジェクトでは、実施企業の担当者は、現業との兼任であるケースが多く、プロジェクト専属メンバーはごくごく少数です。

ERPシステムは、販売管理、購買管理、会計管理、人事管理など、企業のさまざまな

部署が、部署の垣根を越えて使用します。このため、関係する全部署が協力してプロジェクトチームを組み、システム導入・開発を進めていきます。

無事にシステムが本稼働すると、こうしたプロジェクトチームは解散するのが一般的です。運用が始まれば、システムに何か不具合や問題が起こっても、情報システム部や管理部など、システムを管理する部門が対応します。しかし、複雑に絡み合った課題や根の深い問題となると、そうもいきません。

こうしたことから、システムが運用・保守のフェーズに入ってからも、ある一定期間は、各部署にシステム担当者を置き、運用を通して見えてきた注意点や課題などを収集することを提案します。その担当者は情報システム部との兼任でも構わないでしょう。

そのうえで、システム本稼働の半年後、あるいは1年後に、収集した注意点や課題などをあらためて見直し、改善策を考える機会をもうけます。開発時は、まず稼働させることに手一杯であった各担当者も、運用が始まり、ある程度余裕が出てくると、システム全体を俯瞰することができるようになります。そうやってシステムに対する理解が進めば、より実情に沿った要望を出すこともできるようになるため、それをシステム改善につなげるのです。

また、より簡便なデータの入力方法であったり、より効果的なデータ活用法であったりを考案し、改善するといったこともできるようになっていくでしょう。
「システムを稼働したら終わり」と考えるのではなく、「システムをより有効活用するために何ができるか」を、運用しながら考えることも必要なのです。

ただし、こうしたシステム改善にあたっては、「個別最適」に陥らないよう、注意する必要があります。

各部署がそれぞれに考える改善策は、自部署にとっての個別最適に過ぎません。各部署が、それぞれで同じような機能を追加開発したり、似たような分類コードを追加したりといったシステム改善は、全体最適とはなり得ません。

こうした事態に陥らないためには、会社全体のシステムを横断的に見て判断する必要があり、その任に当たるのは、やはり情報システム部や経営企画室、または管理部ということになるでしょう。

## システム開発時の経緯を引き継ぐことも大事

システム開発を主導したプロジェクトチームが解散し、担当者も所属部署に戻った後、月日を重ねれば、その担当者も異動したり、退職したりといったことも起こるでしょう。そうなったときに、「なぜこのようなシステム仕様にしたのか」「どういう経緯で、この仕様になったのか」といったことが誰にもわからなくなっては問題です。それまでの経緯を知らずに、改善する目的で安易に行った変更が、実は改悪となってしまったり、システム障害を引き起こしてしまったりすることが、少なからずあるからです。

こうした事態を避けるためにも、システム開発時の経緯をしっかりと残し、システムを管理する情報システム部はもちろん、各部署内でもそれらを引き継いでいくことが重要となります。第4章の「成果物は減らしてはならない」（144ページ）でも述べたように、それらを曖昧に済ませることには、デメリットしかありません。システムの運用・保守フェーズに入ったからと、開発時の成果物を捨ててしまう、成果物の管理を怠ってしまうといった企業は意外と多いのですが（旧システムの仕様書などが存在しないという声をよく聞きます）、それでは、本当の意味での改善はできません。

システム改善は、過去の経緯を踏まえたうえで行うことが、ムダな追加開発を防ぐことにつながります。そのうえで、全体最適となるよう各部署間の調整も疎かにせず、改善を繰り返していくことが、システムの効果を十二分に発揮するためには重要となるのです。

# おわりに

システム開発プロジェクトを必ず成功に導く「プロジェクト強靭化理論」について述べてきました。

最後に、重要ポイントをおさらいして、本書を締めくくりたいと思います。

本書で繰り返し述べてきたように、システム開発プロジェクトの多くが失敗に終わっているのは、ＰＤＣＡサイクルのＰ（計画）とＣ（評価）ばかりに力が注がれ、肝心のＤ（実行）とＡ（改善）が疎かになっていることが原因の1つであると、私は考えています。

なぜ「ＰｄＣａ」になってしまうかと言えば、プロジェクトマネジメント手法のほとんどが欧米で生まれ、その根底に「設計主義」や「管理主義」の思想があるからです。

人間は完璧ではありません。ですから、どんなに完璧な設計や管理を行ったとしても、すべてその通りに実行できるわけではありません。いいえ、そもそも完璧な設計や管理自体、不可能ではないでしょうか。人間の理性を過信しないことが大事なのです。

また、これまでのやり方を捨て、ゼロから新たにシステムを設計しても、先人たちの過ちをなぞるだけに終わることが多々あります。

もともと日本企業は、実行（D）と改善（A）に重きを置き、それによって数々の成功を成し遂げてきたのではないでしょうか。実行（D）と改善（A）に重きを置いた「組織的知識創造」を得意としてきたのではないでしょうか。

人間の理性とは、常に危なっかしいものです。そのことを認識したうえで、失敗を繰り返し（D）、それらを改善（A）してきた先人たちの知恵や慣習などから謙虚に学ぶ姿勢が、私たちには必要不可欠であると考えます。

PDCAサイクルのD（実行）と、A（改善）を重視したマネジメントとは、プロジェクトのゴールへ向けての「組織的知識創造プロセス」に主眼を置くことです。

プロジェクトの実行作業（実践）を通して学びを得、課題や問題を解決するための知識を創造し、改善を実行する。こうしたプロセスを繰り返すことで、プロジェクトを成功に導くことが可能となります。

そのためには、「形式知（プロジェクトフレームワーク）」だけでなく、「暗黙知（プロジェクトへの態度・姿勢）」を習得した技術者やコンサルタントが、プロジェクトのキーマンとなることが大切になります。

組織的知識創造の促進要件を「マネジャーの態度」と「メンバーの態度」で満たし、プロジェクト内知識創造を繰り返すことが、プロジェクトを成功へと導きます。特に、マネジャーの態度による空気の醸成と世間の形成、また、メンバーの態度による主体性の維持などは、その中核となる暗黙知となります。

そして、本書で取り上げた暗黙知以外にも、その時々のプロジェクトに適した暗黙知を創造し続けることが、プロジェクト成功の鍵となります。

さらに、私たちベンダー側に、プロジェクトのキーマンがいるのはもちろんですが、実施企業側にもキーマンが必要であることは言うまでもありません。

自社の業務について、先人たちから承継されてきた多くの知識やスキル、現在の業務方法の根拠などに精通しているだけでなく、その「あるべき姿」を説明できる人こそが、実施企業のキーマンとなります。

実施企業とベンダー、両方のキーマンが同じ理想像を共有し、その実現に向けて互いに協力し合うことも、プロジェクトの成功には欠かせません。

実施企業は、それまで知らなかった新たなシステムと、その問題を知る必要があるでしょう。ベンダーも、それまで知らなかった実施企業の詳細な業務内容や課題を知る必要があります。

こうした学びを両者が積み重ねることが、問題解決への知識創造を繰り返すことになります。言い換えれば、プロジェクト成功は、プロジェクトメンバーの成長によってもたらされると言っても過言ではないのです。

本書でも繰り返し引用していますが、慶應義塾大学商学部の岩尾俊兵准教授は『日本企業はなぜ「強み」を捨てるのか』において、昨今の企業経営は他者の力を引き出す経営ではなく、他者を監視する「名ばかり管理」がはびこることを指摘し、過去の日本式経営は、少なくとも理念型・理想型としては、「すべての人が価値創造の主役」と考えていたと述べています。

私も同様に、プロジェクト管理において、他者を監視、評価するだけの管理ではなく、プロジェクトメンバーを主語としたマネジメントおよびプロジェクト理論の構築を目指してきました。

プロジェクトメンバーは、マネジャーやリーダーが策定した計画やルールに従う単なる作業者ではありません。プロジェクトメンバーが知識創造の担い手であり、主役なのです。

よく理想のリーダー像や、リーダーの条件などが語られていますが、成功のために天才の存在は必要ではありません。岩尾准教授の言葉を借りれば、「ありきたりな個人による卓越した組織」によって成し遂げられるものこそが、非凡であり、持続性、発展性といったさまざまな観点から、何倍もの価値が望めます。

本書がそれを成すための一助となれば、望外の喜びです。

2024年11月

ノムラシステムコーポレーション取締役　内山　勉

## 参考文献


岩尾俊兵著『日本企業はなぜ「強み」を捨てるのか』光文社新書、2023

佐藤郁哉著『大学改革の迷走』ちくま新書、2019

マリアナ・マッツカート著、大村昭人訳『企業家としての国家』薬事日報社、2015

中野剛志著『真説・企業論』講談社現代新書、2017

中野剛志著『奇跡の社会科学』PHP新書、2022

エドマンド・バーク著、佐藤健志編訳『[新訳] フランス革命の省察』PHP研究所、2011

オルテガ・イ・ガセット著、神吉敬三訳『大衆の反逆』ちくま学芸文庫、1995

山本七平著『「空気」の研究』文春文庫、1983

野中郁次郎・竹内弘高共著、梅本勝博訳『知識創造企業』東洋経済新報社、1996

P.F.ドラッカー著、上田惇生編訳『マネジメント [エッセンシャル版] 基本と原則』ダイヤモンド社、2001

岡潔著『春宵十話』光文社文庫、2006

鴻上尚史著『「空気」と「世間」』講談社現代新書、2009

佐藤直樹著『「世間」の現象学』青弓社、2001

養老孟司著『バカの壁』新潮新書、2003

藤井聡著『人を動かす「正論」の伝え方』クロスメディア・パブリッシング、2022

九鬼周造著『「いき」の構造』岩波文庫、1979

『表現者クライテリオン』「新・空気の研究—— TV・知事・専門家達のコロナ脳」ビジネス社、2020年9月号

《著者略歴》
**内山 勉**（うちやま　つとむ）
株式会社ノムラシステムコーポレーション取締役兼コンサルティング事業部長
1976年生まれ。九州大学工学部電気情報工学科卒業。
2002年、個人事業主として開業。2011年、株式会社ノムラシステムコーポレーション入社。コンサルタントとして様々な業種・企業のシステム導入プロジェクトに参画、成功を収めると同時に、高品質な提案やサービス等の提供を通じて企業価値向上に貢献する。2014年、同社ERPソリューション事業部（現コンサルティング事業部）部長。2017年より現職。

戦略的システム導入のための
**プロジェクト強靭化理論**

2024年12月24日　第1版第1刷発行

著　者　　内山 勉
発　行　　株式会社ＰＨＰエディターズ・グループ
〒135-0061　東京都江東区豊洲5-6-52
☎03-6204-2931
https://www.peg.co.jp/

印　刷
製　本　　シナノ印刷株式会社


ISBN978-4-910739-66-3